利用數學計算掌控投資資金在：
低度風險/中度報酬
摒棄看似能快速獲利的方法，
採用能長期間不斷獲利的策略。

新米
005

個人 長期投資 投資家

股票 初見面

新米太郎＝編著

恆兆文化出版

摒棄賭博式的投資
採用能抑制風險的投資法

股票投資有兩種方法可以增加利潤。

一個是"承擔風險，一舉獲得大筆利潤的方法"，另一個就是"將風險控制在最小的限度，一點一滴的積累利潤"。

前者就好比賭博。大家可能聽說過有人透過第一種方法使資產增加到了幾億元，或者增加到了原來的100倍。

但是，這只不過是"運氣好"罷了。如果效仿那樣的冒險，99%會失敗。

要在股票投資中增加自己的財產，千萬不能賭博。沈著冷靜的制定計劃，在股價低檔時買進有實力上漲的股票非常重要。

本書所提供的股票操作方法是透過低度風險(low risk)/中等回報(middle return)的方式累積利潤，需要認真制定年度計畫，這是非以股票投資為業的大眾投資人穩健獲利的投資方式之一。

在進入本書的主文之前，我們來試算一下，如果你是位上班族，運用閒餘的時間買賣股票，一年只交易20次，停利率設定10%，停損率設定8%，勝敗率

是50％，也就是20次投資有10次成功10次失敗，年度結算一年賺了20％【(10次x10％)−(10次x8％)】(本例忽略手續費與稅金)。

　　獲利的原因是他老實的制定了年度計劃，而使資產增值。

　　本書的編寫是從「新手、老實獲利、可驗證性」的角度上出發，如果照著這種方式投資，它將是屬於「低度風險、中度報酬」的穩健方式，因為我們不希望投資股票到底能獲利嗎？獲利有多少？風險有多少？等等這些問題只是概念性的回答，所以運用了可計算的數字與機率問題！

　　股票有風險，但也有潛在的報酬，投資人願意承受風險進而有機會獲取報酬，這是很合理的投資心情吧！國內沒有人出版過這種書，而我們則企圖從這麼多投資變數中找出邏輯與計算公式。希望讀者們能熟練掌握，從而成為股票投資的佼佼者。

恆兆文化

CONTENT

1.新投資常識 篇

2.獲利祕笈 篇

3.投資戰略 篇

4.股價圖模型 篇

1章 011～025

Common Sense

許多 "有待商榷的常識" 被人們不假
思索的認同。

新投資常識篇

長期投資較易獲利？
分散投資較安全？
買高獲利股就是買好股票？
本益比低就表示股價便宜？
股票投資前，
先檢視有那些是無法賺取利潤的常識。

第一節

長期間投資？還是長時間投資？

初學者應該都聽過「短線進出像賭博」這樣的警語吧！就是本書的書名也叫「長期投資」，似乎股票長期投資是優於短線進出……。

真如此嗎？

長時間投資風險大

即使很好的企業10年後會變成什麼樣子也是無法獲知的！說得極端點，如果公司破產倒閉，股票就會變成一堆廢紙。

企業的命運掌握在經營者手中。就算現在的經營團隊很優秀但投資人還可以預測未來的經營團隊也有相同傑出的表現嗎？

凡此種種，有可能現在挑對了股票卻因未來太長變數太多無法獲利。

此外，對於長期投資人而言，當股票下跌時會心想，「好公司股價總會再漲回來的」但是，當景氣實在太差，股價也跌得太厲害時，投資人也會意志不堅定的「先賣再說」。而這種「為賣而賣」的舉動，股價可能賣在最低點。

所以長期投資大大考驗投資人的信心和耐性，即使方式是正確的，但執行上卻不務實。

從這個角度看，不能說「長期投資讓人放心」。

資金周轉率

再就資金運用面來說，如果你用100萬購買台股「長時間」放了10年，10年後就算獲利，也就是所投資的100萬增值了！但如果把100萬每一年周轉10次交易，如此持續10年，這樣的績效就是獲利的10倍。

所以應該是「長期間的經營」而非「長時間的等待」較合理。如此既可達到資金周轉的效益，又能避掉無法控制的風險。但只要持有股票，就背負風險，一定要記住這一點。

10年等待也沒能降低風險

股市有很多賺錢的機會。有的投資人卻因為決定要"長期投資"反而導致虧損。

Column

投資是門生意

股票投資既沒有懶的權利也沒有傻的權利，它是一門生意，有機會獲利也存在風險。要經營好這門生意就得投資時間學習，也要培養如商人般銳利的眼光，更重要的它必須有策略有方法。

如果自忖是個投機性格濃重的人，別玩股票，或者，出手前先算滿10頁A4紙（參考第三章第一節），具體的先推演出什麼操作方式可以獲利。

第二節 …………… 投資安全度

單一經濟體分散風險，意義不大。

小美是台灣早期艋舺大商號的第二代，父執輩是富甲一方的大生意人，但現在小美家的資產跟一般市民沒什麼大的區別，30年前擁有千萬身價現在還是千萬身價。

為什麼？

有意義的分散投資

人們通常認為把投資股票的資金分散就能夠降低風險。例如，選擇多個行業分散投資，心想一個產業不景氣，其他產業所獲得的利潤可以抵銷，如此整體上就不會虧損。但是如果分散的標的選擇不適當，分散投資也沒有什麼意義！

比如說你把資金三等份放在電子、傳產、金融，或者更分散一點，把投資資產先分三分，一部份做股票，一部份做地產，一部份投資餐廳。這種做法就整體而言還是把所有的雞蛋放在同一個籃子裡(同一個地區內)，

不是嗎？

試想，如果國內景氣不佳，別說投資股票買什麼股都賺不到錢，當產業不振也別期待地產價格變好；連鎖效應是如果大家口袋的錢變少了，餐廳業績也難大好。

股票，只是資產配置的一環

股票投資充其量只應是資產配置中的一環。以小美的家族為例，家族涉足米行、布業、食材……多有表現，但沒有走出單一經濟區域與傳統產業模式分散風險「險」仍存在。

因此「投資國內股票」仍應只是資產組合的一環，對不同經濟體不同產業模式進行分散投資才有意義。除了國內之外，美股、歐股、甚至最近很有人氣的BRICs進行分散投資，才具備分散效果。

同時也可以以存款、土地、股票、債券、保險為物件分散資產。

分散投資的模式

●假設景氣不佳時(獲利為○;損失為×)

資產分散在國內的情況

電子股　餐廳　航運股

地產　金融股　服飾

鋼鐵股　中概股　自助會

資產分散在國內外的情況

美股　基金　歐股

地產　定存　金融股

國際債　電子股　BRICs

了解了!!
在同一個小經濟體內分散投資意義不大。

━━━━━━━━━━ Column

幸福的現代投資人

國際債券、海外置產……不同經濟區域投資……這些事情要著手時,真的沒有想像中的遙不可及。

最易上手的就是把部份的金錢用於買海外基金。更簡易的就是諮詢你的保險業務員,詢問是否有理財型的保單。一般保險公司推的理財型保單通常兼顧不同區域、不同風險性,雖然手續費較貴,但不失為最單純便捷的理財方式。

若擔心預算不足,可以在既有的保費下,試著將壽險保障降低,醫療保障提高,以增加投資金額。

這種方式的思考是選擇一份「活著的保單」而非「死後等領一大筆錢的保單」。畢竟壽險只有不呼吸才領得到錢,萬一有事故發生,醫療保障夠用就安全了,至於多出來的錢,就拿來「投資全世界」,這也是一種方式。所以,只要投資人觀念想法變一變,很多不可能都會變得可能。

第三節 ·············· 股票像賭博嗎？

靠運氣？不，投資獲利是可計算的

為什麼投資股票？

許多人捨定存而就股票是因為「想像中」股票能獲取大利潤。但能獲利到何種程度？可能會損失到什麼程度？一般投資人大都沒有事先計算好。

10萬塊，三個月說不定可以變成50萬！！或者，應該可以更多……雖然口裡沒有這麼說，不過，心裡似乎總有那樣的一絲期待！

具體方案，擬定了嗎？

沒有具體的方案，盼望機會到來可以大賺一把，這種想法除了危險之外還是危險。

如果心裡想著一舉獲得巨大利潤，就會浮躁不安，為了滿足心中那個「賺很多」的念頭，就會轉而探聽消息，或是對價格激烈變動的個股出手，結局通常不會很好。股票投資不是賭博，如果想要增加財產，這樣是不行的。

計算合理的獲利與成敗機率

可能有人認為：「股價不規則的上漲下跌，通過股票投資使資產增值有點困難。」股票投資確實沒有百分之百勝算，但有合理計算與預期的方法，那就是「制定年度計劃」。

確定年度的交易次數、一次投資的停利率、一次投資的停損率，按照這些資料像套公式一樣的操作。比如，設定一次投資的停利率是12%，一次投資的停損率是8%。如果以一勝一敗的形勢持續投資，那麼每一次兩者之間的差4%就是利潤。如此反復5次，粗略計算可以獲得20%的利潤。持續10年後，就會像右圖一樣資產增值到6倍。

當然，要想成功交易，股票的選擇、買賣的時機等等的相關知識是必不可少的。本書將會依次談到。

股票獲利模式

●停利設定12%，停損設定8%，每年交易10次，勝負50%，在這樣的條件下，等於年收益20%，若連續10年資產將增加到6倍！

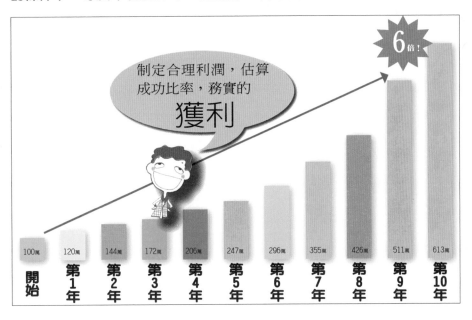

制定合理利潤，估算成功比率，務實的

獲利

開始	第1年	第2年	第3年	第4年	第5年	第6年	第7年	第8年	第9年	第10年
100萬	120萬	144萬	172萬	206萬	247萬	296萬	355萬	426萬	511萬	613萬

6倍！

新投資常識篇

獲利祕笈篇

投資戰略篇

股價圖模型篇

Column

透過控制風險獲利

現在有人利用數學公式計算樂透彩的「穩贏報酬」。

開發這種計算公式的人是聰明的，至少對「投資人」來說，先把勝敗的機率計算出來再花錢買運氣，能承受多少風險自己心裡就有個譜。

股票的投資遠比彩券獲勝機率易算多了。因此，每位投資人都該有自己一套獲利的勝利方程式。

第四節 ‥‥‥‥‥‥ **好公司就是好投資？**

高股息的迷思

以 95年10月的資料為例，國內股市的平均殖利率是4.73%，這個數字已經比平均銀行定存利率（低於2%）高出許多，因此，從長期獲利的角度看，尋找高股利或高殖利率的股票為標的是很自然的考慮。

沒有永遠的股利

的確，高配息且配息穩定的個股長期以來是保守投資人的最愛。但是，股價是會變動的。而且不能保證明年是否還會有這樣的好成績。以95年台積電為例，當年度配發的現金股利是有史以來最高的，換算成除息當月月底的股價現金股利的殖利率約在4.2%。投資人從參加除息到領到股息短短的時間就能配到那麼高的回報利潤算是相當優渥，不過，接下來的日子股價並沒有相對的亮麗，反而是跌了好一大段而且時間不短。

因此如果把配息當成是長期投資的「副產品」，是否會更好呢？

畢竟，以配息最高的也不過就是3%～5%，但股票價格變動卻可以一下子變動5%！雖然前文比較了投資股票與銀行利息的關係，但股票配息畢竟和存款利息還是不一樣。除息後的第二天參考價就會往下調整，而且，股價是否有實力順利填權填息也還是未知數，所以，把股票的配息當成利息收益並不完全合理。

股息是「副產品」非「主商品」

因此，心態上股票投資人要以股價上漲為目標（差額利潤）。若能認真的研究，價格上漲利潤何止是1%和3%，甚至有可能獲得20%、30%。選擇股票時，最好不要把所有的焦點都停留在配息上，而是應該以股價上漲當成目標利潤。

最後如果拿到了分紅，就算是多賺的。

即使長期投資目標也不是紅利而是差價

在這裡殖利率高達4.2%。

但股價卻直直落。

賺小紅利卻賠了大價差。

台積電 K線圖(週) 95/12/1
Avg6=62.78
Avg12=61.72
Avg24=59.22

70.00
67.87
65.74
63.61
61.48
59.35
57.22
55.09
52.96
50.83
48.70

▼ 基本資料	
除權除息日	95/6/20
配發94年度股利	
現金股利	2.5元
股票股利	0.3
盈餘配股	0.15
公積配股	0.15

062005
649604
237203
824802
412401

94/8　　94/11　　95/2　　95/8　　95/11

Column

殖利率

殖利率簡單說就是每股現金股利除以每股現價。

也就是該檔股票的獲利比率，比率愈高就是獲利能力愈好。不過，一般講的獲利比率是包括股票股利與現金股利，但殖利率則只就現金股利計算。例如。台積電95年6月19日股價是59.4，現金股利是2.5元，殖利率是：

$$\frac{2.5}{59.4} = 4.2\%$$

第五節 ………… 熱門股＝賺錢股？

媒體追逐且正在上漲的股票不能買

話題股對於長期投資者而言，意味著股價正處於高價圈，這時候買進通常已經來不及了。因此，避開它！

避開新聞很熱的話題股

這種「別買進」的話題股票很好辨識，當媒體報導這家公司——

「推出新品，銷售額大幅增長！」

「營收創新高。」

「大訂單湧入」……

看起來一付光明美好的公司，最好能避開這段新聞與股價的熱潮。這樣說並非這家公司不好，而是業績上漲的企業當這些消息已經被披露在媒體上時，股價應該已經同步進入了高價圈了。緊接在高價圈之後的，常是大力回檔。

報章媒體上的事一定不是新鮮事!股票市場更是如此。如果某家公司大好，市場中有太多的投資者一定比你早知道資訊，早就買進了這個股票。一般投資人等到利多出現在媒體後再買進，可以說已經來不及了。

高話題性＝高風險

當然，業績大幅上漲的企業有可能繼續提升業績，股價也會進一步上漲，但此時不僅價格上漲幅度有限，而且無法獲知在哪裡會開始下跌。

沒人能夠百分之百預測某股票一周後，一個月後上漲還是下跌。但是，投資人應該避開可能下跌的股票。

要想不斷的在股票投資中成功，「追求可能性」很重要。故意去買進高價圈內的話題股（高風險股）不能算作明智之舉。

國內的股票包含上市上櫃有上千檔，不去買話題股，還有很多值得買進的股票讓我們挑選。不過，要抵抗這種誘惑是需要自我訓練的，畢竟一般人還是比較喜歡從眾。

話題股下跌風險高

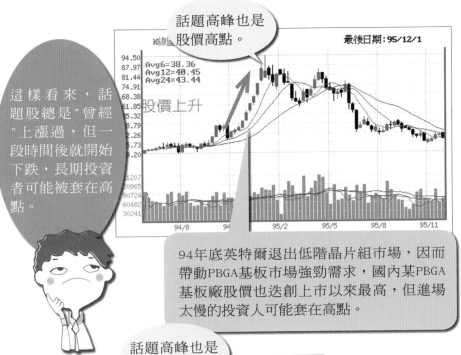

話題高峰也是股價高點。

這樣看來，話題股總是"曾經"上漲過，但一段時間後就開始下跌，長期投資者可能被套在高點。

94年底英特爾退出低階晶片組市場，因而帶動PBGA基板市場強勁需求，國內某PBGA基板廠股價也迭創上市以來最高，但進場太慢的投資人可能套在高點。

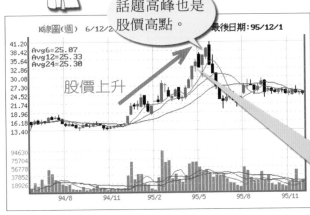

話題高峰也是股價高點。

94年底全球LCD TV出貨量爆增，INVERTER（電源轉換趨動器）大幅成長，相關廠商股價炙手可熱。但成為話題的時刻，股價就已經很高了。

21

第六節 ·············· 本益比投資法很穩健？

單從本益比無法判別便宜股

即使不熟練股票的人應該也聽過「XX公司股票本益比10倍，所以還很便宜」類似的說法。一般來說，本益比數值越低，表示股價越便宜。因此有不少投資人（尤其是進行長期投資的投資人）是以本益比計算股票值不值得投資的。

留心本益比的計算死角

本益比用一般的解釋就是是股價收益率的意思，這個數值表示目前股價是每股純利潤的幾倍。

本益比的平均值隨著行業種類的不同而不同。一般以15為基準，不管什麼行業，本益比10倍以下可以視作便宜。但是，如果一檔股票半年前本益比是5倍，之後股價上漲到了10倍呢？因為本益比的股價是分子，利潤是分母，股價是隨時變動的，也就是本益比也是相對性變動的，那麼，半年前認為這個股票價格便宜，現在可能已經算貴了。如果在這時買進，反而承受股價下跌的風險。

低本益比的成因分析

此外，又有一些行業的股價本益比長期處在低靡的情況，這種企業大部份是長期業績不佳，或者財務體質有問題。當然，這種股票價格就很難上漲，而且，就算股價便宜，有上漲空間也無法預料什麼時候上漲。試想，股票投資目的是增加資產，但卻投資了不知何時上漲的低本益比股票，且投資人又採取按兵不動的長期戰略，這種既沒盼望且資金效率低的股票，應該要列為不值得買進標的才對！

因此，長期投資者要了解本益比的變化（見本系列「本益比」一書），以體檢公司的經營體質與當前股價相對的便宜度，還要配合股價圖的技術分析找出真正的便宜股（盈利機會大的股票）。

即使本益比只有5倍也不一定便宜！

23

第七節 …………… 追求最大獲利並不合理

不要盤算在最高價賣出

買進的股票一旦上漲,投資人總希望,盡可能在最高價賣出。不過,如果心裡老是想著要賣在最高點,獲利機會將喪失。

最高價只一個,捉不到理所當然

右圖是股價示意圖,絕大多數處於上漲趨勢的股價在股票圖上會出現一波一波上上下下起狀的圖形。

用一種很簡單的道理來想,股價如果要攻上最頂點(A),一定是有許多投資人認為--目前價格不算高,應該還會再高。如此股價才會一波一波的往上爬,因此,一樁成功的買賣在投資人賣掉持股後,股價繼續上漲是很正常的事情,如果「心有不甘」很堅持一定要賣在最高點,那麼操作股票的「死角」就出現了。

也就是投資人是在挑戰越過那一個頂點後,其他的投資人都在想「太貴了,該賣了、該賣了」,因此,如果投資人一定要找出那個高價的山峰,風險就太高了。

這樣一想,就會明白賣掉股票後股價上漲是理所當然。如果有這樣的認識,買進的股票上漲到一定程度後,應該要賣出以確保利潤。而這也是本書接下來所要講解的長期投資獲利祕訣的心理建設之一。

以設定的利潤率為賣出基礎

股價從來不會無限上漲。總是在上漲過程中有微小下跌然後再次上漲。因此,過度「近距離」瞄準每天的股價,有時反而讓自己過度神經質,因為從大方向來看,幾天的下跌只是很正常的回檔,長期投資者完全不需在意。重要的是投資人能在股票上漲一定程度後確保利潤。

因此需要預先決定確保利潤的獲利點,到達這個點後就賣出十分重要。

賣出後股價續漲應視為理所當然

Column

策略勝過高明的技術

先假設你完全無法掌握股市的波動，在一個波動無法預測的市場中如何交易才能獲利呢？

換這種操作股票的角度，策略的重要性就超過技術。

通常會在股市中大失敗的投資人都是過度自信的人－－相信自己的基本分析與技術分析，但卻從沒制定或執行過策略。

是什麼決定股票投資的成功與失敗？

獲利祕笈篇

1.買進的時機
2.股票的選擇
3.賣出的時機
4.全局獲利的思考
5.投資態度
決定了股票投資的勝敗。

第一節 ………… 買進的時機

通觀整體市場，以提高勝算

上班族美美是公認的勤快股票族，不管任何時間總是PDA股票機不離手，就連開會空檔也不例外。

「美美是做短期交易吧！」

「我不確定自己是做長還是做短，總之，我喜歡做股票，看著它漲跌、賺差價，一方面是理財，一方面是樂趣。」

「美美買股票永遠也不累嗎？」同事們常這麼問她。

太愛做股票難保賺小賠大

美美對股票十分狂熱，但自己也謙虛的說「我做股票有時賺有時賠，總體上會有點利潤。不過通常能賺一些零用錢。」

有一天大行情來了。美美持有的四檔股票全都大幅上升。以前「只能賺一些零用錢」暴增為大幅度利潤，美美實在是太得意了，她自忖「難道我是天才？只用這麼短的時間就獲取如此高的利益！」。

於是，美美將手邊可活動的現金悉數投入股市，包括定期存款、標會。不久之後美美的股票卻一一下跌。

美美之前的所賺取的利潤全化為泡影。

她哪裡不對了？

大盤過熱，應減碼

首先，長期投資與短期交易沒有先搞清楚，兩個攪和在一起操作是嚴重的失誤（見本系列另一書「短期交易」），再者，當持有股票全部大幅上漲時，股票市場可能熱度已達到頂點。

一般投資人沒有做好投資策略，一旦獲得巨大利潤後容易流於過度自信。但正是因為獲得了巨大利潤，美美更應該慎重，弄清市場是否已經處於過熱狀態，股價是否已經過高。如

錯誤示範：股價漲了不由分説猛加碼

● 對長期投資者而言，股市熱就是持股減碼的時間。

哇！怎麼全下跌了！？

怎麼買都賺！！我真太厲害了！再加碼！

整體下跌唯獨自己股票上漲機會很少。
時間點不佳，最好就是空手等待。最忌諱因獲利而過度自信。

台積電　時間：2006　5/8
大盤　時間：2006　5/8
中鋼　時間：2006　5/8
遠紡　時間：2006　5/8

新投資常識篇

獲利祕笈篇

投資戰略篇

股價圖模型篇

Column

類股輪動

新聞上應該常聽到「類股輪動」這個字眼，簡單的說就是假設促使股市活絡的只有一套資金，當它挹注在綠能產業的話綠能產業就會大漲，其他類股就相形失色；如果它挹注在觀光類股，觀光類股就大漲，其他類股就相形失色。

果不能冷靜的看待市場，就容易失敗。

掌握節奏，休息是勝利的秘訣

美美的同事MARY也投資股票，但兩者的投資風格卻截然不同，就交易成績而言，也比美美好太多！

首先，MARY從不會一邊上班一邊還關注即時行情，而且很清楚自己手中的股票類別——那些是長期投資？那些是短期交易。MARY交易還有一項特色就是交易時期非常不均衡。某個時期可能會頻繁交易，但是也會有好幾個月手中沒有股票。

為什麼交易時期不均衡呢？

MARY的說法是十分好的建議，因為她認為自己並非基金公司或機構法人個人投資者有休息的自由。選擇勝算高的時候買進，出現利潤後賣出，然後就可以休息。如果找不出值得投入的時間點，就空手等待！

MARY在「空手」的時間並非完全的不關注股票，每一天她還是花很長

的時間研究大盤漲跌與類股輪動，並尋找準備買進的候補股票「在股價較低時買進，因為股價不變高就沒利潤。大盤指數是判斷股價過高或過低的一個重要參考值。當大盤指數跌時，大部份的個別股票應該算是便宜的時候。相對的，大盤指數如果已經在高檔了，個別股票的價位通常也是在高檔。」

勝算高，買進；勝算低，空手

前文提過，企圖在股價最高點賣出是沒必要的，而且也容易因小失大，建議投資人只要找出大盤指數是過高或偏低概略性的掌握就可以。

檢查過去的大盤，投資人一定不難發現，一年內大盤明顯漲多了總會回檔，這種技術性的下跌一年至少也有兩、三次，如果能掌握住股票回檔的時間買進股票，進場價就算是便宜了，因為進價便宜，所以成功率、盈利機率就比較高。如果能很好把握這個節奏，將提高股票操作的成績。

操作程序：等待→買進→賣出→空手

● 找找看，大盤指數每年都有兩、三波大的下跌段，那就是買進機會。

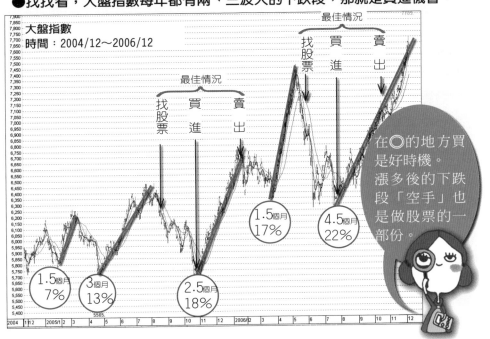

在◯的地方買
是好時機。
漲多後的下跌
段「空手」也
是做股票的一
部份。

Column

休息是做股票的一部份

對於長期投資者而言，手中一張股票也沒有也是做股票的一部份。若你發現自從投資股票以來手中一直有或多或少的持股，請冷靜的再回頭檢視自己的交易策略。

第二節 …………… 股票的選擇

別被話題唬弄

對投資人而言，利用網路、電視、報紙、雜誌資訊判斷股票標的是絕對必要，不過，對於長期投資者，要避開最熱門的話題股。這點在前文提過，在此再次說明。

別心急為什麼沒能賺上一筆

股票買進後，翻閱報紙時常會遺憾：「為什麼我不買這檔股票！？」「我本來要買……xxx果然是趨勢……」。

一般人認為買最熱門的話題股一定不會錯，想盡各種辦法要掌握住「主流」，對短期交易者的確如此，但對長期投資者來說，選擇話題股無異自投羅網。

因為股價在媒體的推波助瀾下，上漲後肯定會下跌。總能在媒體曝光的話題產業與明星企業，用較極端的方法說，這是短期交易者該關注的事。短期交易者只要早一點抓住資訊，在低價處買進並早一點在話題結束前賣掉就能獲得利潤。對長期投資者而言，選擇經營手法穩健，但股價也有能量的公司相對來講是比較合適的。

老品牌vs時尚精品

95年上半年，國內財經媒體幾乎都用大幅的版面報導國內的太陽能產業與茂迪等能源概念股的公司，其股價飆漲的情形，叫投資人看得很心動。不過，再怎麼說，我們都是投資散戶，所能接觸到的資訊總是經過專家消化後的二手、三手資訊。如果投資人以100萬，在茂迪股價最風光、媒體報導最多的時間點進場，一個月後本金只剩80萬不到。反之當時若以100萬選擇台積電這種老品牌，趁著股價回檔賺取中間一段段行情，逐步的一點一點獲利，情況則大不同。

總之，上漲股、活躍的話題股對長期投資者都很危險。

成為話題股時股價已到達頂點

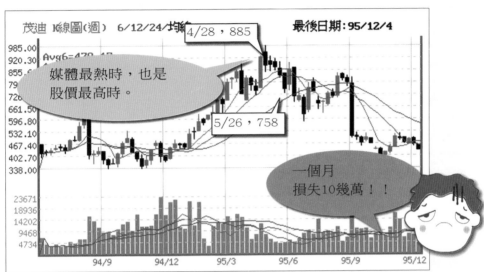

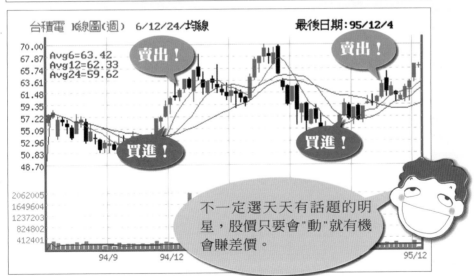

第三節 ············ 賣出的時機

避免感情用事，計劃性的停損與停利

小李和David都是股票新鮮人，兩人時常一起討論股票操作方法。

94年底，一位投資朋友推薦小李買圓剛，當時股價是35元，朋友建議獲利目標價是50元，小李在40元進場，股價不負所望上漲超過目標價，甚至來到57元。

勿以股價「看上XX」預測股價

帳面上獲利小李很得意，但過了一波高峰期之後，股價卻開始下跌，不過，他並沒有獲利了結的意思，在獲利超過40％後，還有自信的說「目標價是70元！」

小李進場早，在帳面上賺了一大筆後，也推薦好友David，David研究過基本面後，一直等待高價回檔。95年圓剛開始回檔，2月份就開始大幅下跌。David擔心會進一步暴跌所以沒有買進。之後股價輕微上漲後又微小下跌，參考技術線圖David在均線開始翻揚向上時以45元買進，並設定停利點在12％(50.4元)停損點在8％(41.4元)。也就是說，不管股價先到達那一個點都賣出。之後圓剛股價來到50.4元，David獲利了結。

但小李還在期待他獲利100％(70元)停利點……。

「絕對價」與「相對價」

很多投資人陷入「沒賣就不算賠」的「絕對價格」期待，老實講這種交易方式的風險太高了。

與其預測「XX股會來到XX元」倒不如找到一個好的進場點，用「相對價格」執行賣出計畫，也就是——尋找有利的上漲機會點進場，設定一個獲利率與停損率，像機器(或說"公式")一樣的進出，風險反而比較小。

投資人對於「股價可能再次上漲」存在著迷思，尤其像小李這種股

賣出時機的兩種思考

▼ 上漲了不賣掉，股票可能縮水。（小李）

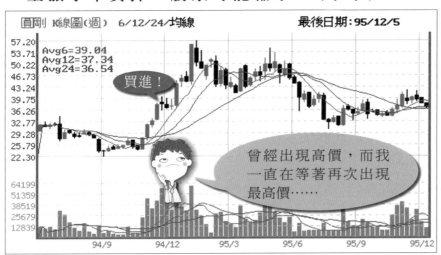

▼ 為獲全勝，制定策略機械性買賣！（David）

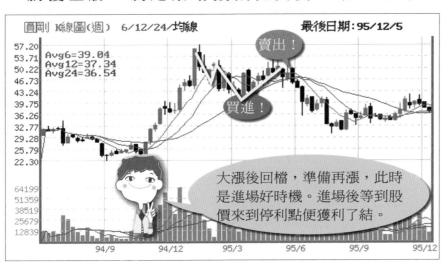

資人,因為曾看過股價到達某個價位,總會存在著「忍耐一下,股價應該就會再上漲」的幻想。

的確,股價有可能會再次上漲,但是根本無法得知什麼時候上漲。而如果一直保留縮水的股票,資金等於被卡在裡面,在這段等待股票解凍的期間,本來可以投資其他股票的資金卻"被綁"在這裡不能動。

這種資金近乎已經沈睡,所以完全談不上資金效率。

陷入這種「絕對價格」迷思的投資人,應該好好想一想,真正「解套」的有效方法是什麼?

是投顧老師所推薦的「飆股」呢?還是投資策略上出了問題?

擔心賣太早、擔心虧損是人之常情,在「短期交易個人投資家」一書中詳細介紹了兩種交易策略,不只是短期交易的投資人適合採用,長期投資者也需要熟練它,因為這是能夠避免感情用事,真正積累收益的簡易方式之一。

● 階段停利法

當股價處於漲勢的時候,為了避免過早賣掉持股,採取階段性設定停利點的方式,一點一點的累積到手的利潤。

停利點的設定可以從股價圖的「最近的最低價」或是利用均線、成交量或各種計量化指標當成停利點。股價上漲到一個程度回跌後賣出,若持續看好同一檔股票就等待機會再重新進場。

這種方法只要投資人有自信可以找出「相對低點」就能再次反復交易。

● W交易法

設定了停利點與停損點且停利率大於停損率,在買進股票的同時就設定執行這種交易(見右圖)就是W交易法,雖然很難一次獲取大利潤,卻是很務實的方易方式。

階段性停利法與W交易法

階段停利法

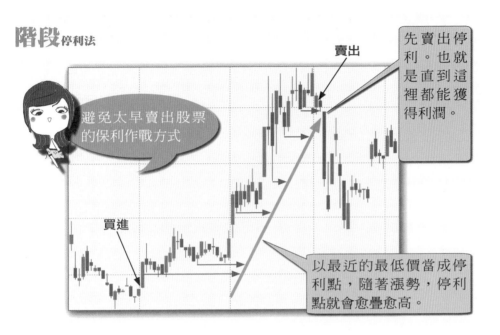

賣出

先賣出停利。也就是直到這裡都能獲得利潤。

避免太早賣出股票的保利作戰方式

買進

以最近的最低價當成停利點，隨著漲勢，停利點就會愈疊愈高。

W交易法

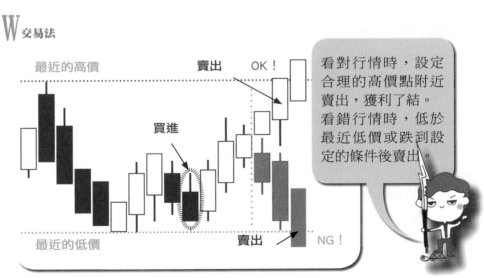

最近的高價

賣出　OK！

買進

最近的低價

賣出　NG！

看對行情時，設定合理的高價點附近賣出，獲利了結。
看錯行情時，低於最近低價或跌到設定的條件後賣出。

37

第四節 ·············· 全局獲利的思考

以勝利為目標，錯！以獲利為目標，對！

股票投資有風險，股價也難掌握，但再怎麼說，它都不是賭博，也不是賭氣！後面這句話聽起來有點怪，但我們來看看號稱「做股票沒輸過」的投資人A先生的想法！

追求「對」為目標，錯！

A先生在93年4月以78元買進友達，之前他很認真的從產業、公司、未來等等觀察，他認為這是一家優秀的公司值得長期投資，但當時A先生的買進價很貴貴，之後股價一直跌。

A先生虛心的接受了事實，於是再度用心的看了許多佐證資料，在同年6月份又以60元加碼買進。

A先生的算法是，只要股價回檔到69元，他就攤平成本且他認為以個股的實力，上漲到7、80元以上沒有問題。

60元！太便宜了。

不過，股價仍沒有像A先生所預期的那樣「回到該有的水準」，這一波股價打到38元左右股價才往上爬。但A先生堅持「沒有賣出股票，就不算賠。」為了攤平，在40元時又買進友達。

沒賣股票就不算賠！？

雖然這樣子評論有點極端，不過，以個人投資者而言，企圖用各種方式計算出「XX股票有XX元的水準」這種方式是賭博；若是執迷不肯停損，堅持相信是市場錯了而非自己錯了，那就是賭氣了。

A先生的操作方式，也不完全沒有道理，因為在股價波動較小的行情中、手中的現金又充裕的情況下，慢悠悠的等待股價回到「該有的水準」也是一種方式。

可是，有誰能預測，像是網路泡沫化那樣的情景不會再重演呢？

實際上不少散戶投資人的確在

錯誤示範：以每筆交易都賺為目標（A先生）

● （A先生認為）買進的所有股票都要賺

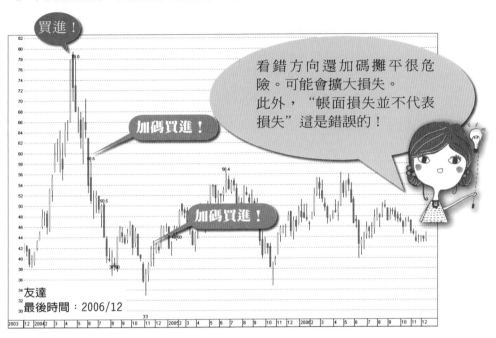

Column

網路泡沫化

在1999年前後，人們以為網際網路來臨將改變生活方式與溝通型態，全球醞釀著新經濟時代的變革，當時很多產業與企業只要與網路沾上邊都被投資人瘋狂的追逐，但隨著指標之一的Amazon出現虧損，投資人與企業界如夢初醒，發覺這場網路夢似乎離現實還有很大段距離，於是許多與網路相關的產業都由極度興盛到衰退。

這一波泡沫化的行情中受傷不輕。很多人都如A先生那樣一再一再的加碼購買股票，最後手中滿滿是縮水的股票。如此，即使其間遇到投資好機會，現金部位也已經傷羽折翅了。

以「全局獲利」為考慮

跟A先生一樣，B先生也是一位認真的投資人，不過，他從沒像A先生那樣經常以「做股票從沒輸過」為自己的驕傲，因為B先生一旦發現自己看錯行情，在該停損的時候就絕不手軟。

B先生跟A先生一樣，分別在78元、60元與40元都買進友達，不同的是，前面兩次B先生均執行停損出場，而第三次在40元則採階段停利法一路到50元獲利出場。

簡單算一下，A先生的「成本攤平法」必須等到股價翻揚到60元賣出才有機會平成本；若B先生的停損點設在8％，即使第三次交易賺到10元/股，整體的三筆買賣也沒有獲得淨利。但是A先生堅持「不賠本賣出」卻牢牢的鎖住資金，反而B先生在這一波跌勢中還能全身而退。

投資人對於出乎意料股價開始下跌，一定要趁損失還沒有擴大的時候馬上進行停損。如果沒有在自己可承受的範圍內停損，讓差額損變得愈來愈大，拖愈久要進行停損就愈困難。

如果事情到了這地步就太晚了。

接受失敗才是成功的投資人

B先生很專心在想股票投資如何增加利潤這件事上；而A先生的做法則偏重於自己的判斷是否正確。

換個角度來看，投資人真的不要以「勝利」為目標企圖「戰勝市場」，在執行個人投資時，應該以全面的獲利為目標，幾次看錯行情，只要能即時停損，保留實力還是有機會。

換言之，無法接受失敗的人，是不適合投資股票的。能夠放遠眼光，以全局獲得利潤的人，是適合投資股票的人。

正確示範：以全局獲利為目標(B先生)

● （B先生認為）總之，就是要提高全局利潤

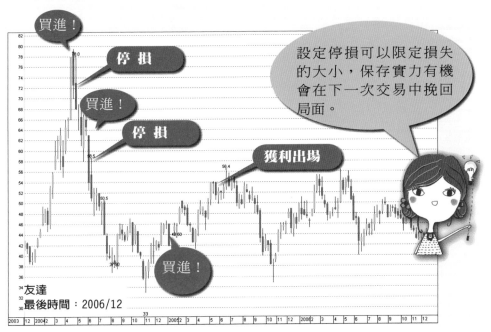

設定停損可以限定損失的大小，保存實力有機會在下一次交易中挽回局面。

買進！
停損
買進！
停損
獲利出場
買進！

友達
最後時間：2006/12

Column

縮水的股票

指投資失利，但仍未賣出，還是繼續持有的股票。

第五節

投資股票，沒有依賴他人的權利

在 辦公室裡常見一個場景——「聽說小花做股票很厲害，賺了很多錢!」

莉莉聽到這樣的傳聞，下了班就跑去跟小花擠同一台電梯，希望探聽到會賺錢的股票。

小花實在不想告訴莉莉，但是看在同事的份上，她只好義務性的把正在研究並看好的幾檔股票跟莉莉說。

連開戶都未曾有過的莉莉立志今年要開始理財，因為有小花當靠山，於是認真的耐著性子花了一天下午，終於學會如何網路下單。

沒有不學習而能獲利的

莉莉自言，對股票一點興趣也沒有，所以即使開了戶，要買什麼股都是小花給的資訊，自己完全不用心。

剛開始成績不錯，但是後來逐漸失利。

「我的錢在變少!為什麼?」

莉莉開始對小花發牢騷。本來一片好心的小花就跟莉莉疏遠了。

「對了，問營業員最準了!他們天天在看盤!!」

莉莉開始把瞄頭放在她的營業員身上，下了班總是找各種藉口跑去證券公司找營業員聊天。原以為這樣的資訊很正確，說不定還有內線消息，但⋯⋯還是也不順利。

「外行果然是不行。必須問專家!」

於是，莉莉開始像看購物頻道一樣，下了班就盯著投顧老師的節目物色人選，她花了十萬元加入了某老師的會員，心想，這樣子就萬無一失了!!沒想到投顧老師所推薦的股票，比之前兩位免費的更糟糕!

股票交易，只能反求諸己

該怪自己運氣呢?還是「遇人不淑」?心裡好想不要再「做股票」了，

不適合股票交易者

● （投資的失敗者）把投資失敗的原因歸咎於他人（莉莉）

1 不瞭解基本知識，不看新聞

2 不知道如何看股價圖

3 隨性而行，投資沒有計劃性

4 選擇標的都依賴別人

5 把損失的原因推給他人

依賴別人，
永遠都不能成功

Column

投顧老師會費知多少？

加入電視上的投顧老師，一般普通會員平均一個月要花1萬元，但很少有單月會員，大都採一期（三個月、六個月不等）計價，所以一次至少要付出三萬元以上；如果是特別會員一期高達20萬元甚至是更高，雖然收費不低，但績效完全不保證，當然也沒有「無效退費」。

43

可是，投資資金只剩原來的一半，實在非常不甘，於是回頭過來怪罪收了她十萬元卻給了一堆沒效資訊的投顧老師；去號子也總責怪營業員為何沒做好服務，讓自己賺不到錢；三不五時想到同事小花更是一肚子火……。

賠掉了一半的投資資本，莉莉至今許多股票的用語還搞不太清楚，別說財報看不懂，連計算本益比、公司淨值也不曾動手過，當然，股價圖也不曾研究過。

全靠別人，沒有作任何努力卻想輕鬆增加財產是不可能的。小花的態度跟莉莉截然不同。

運氣+99%的努力

小花不僅學習股票的基本知識，而且報紙、電視上的財經新聞也經常查看。電視上的投顧老師她會選擇與自己投資手法相同的節目收看。不過，從未對「加入會員」心動，因為她清楚的知道，只有自己挑選的股票，才知道什麼時候進、什麼時候出。就策略上，該檔股票是長期投資呢？還是短期交易。除了自己，別人是無法幫忙設定的。

小花尤其喜歡研究股價圖。假日則上網研究股價圖好幾個鐘頭。她還有一套股票投資的年度計劃。所有交易總是按照既定計劃冷靜投資。

業餘投資人要修練的功課

選擇股票小花從不假手他人，買進賣出的理由一定完全說服自己為止。找不出好的時機與股票也絕對不會勉強買進。有時好幾個月她的交易是0，目的是等待下一次機會的到來。

儘管如此努力，也不代表就能一切順利，股票投資就是這樣，小花也會經常碰到買進的股票下跌的情況。遇到這種情況，她總會把交易日記拿出來檢討，企圖從這些記錄中找出自己的成功和失敗的模式，每天都在努力增加成功投資的次數。

像這樣每天堅持努力是成為成功投資者的必經之路。

適合股票交易者

● （投資的成功者）買進賣出總直到說服自己為止

1 掌握了基本知識，查看新聞等

2 總是滿腔熱情的研究股價圖

3 制定股票投資的年度計劃

4 自己選股並慎重決定交易時刻

5 記錄交易，反省總結自己的交易

尋找自己成功
的方式

Column

喊盤

電視投顧老師有時會大力的叫觀眾進場買某特定股票，喊盤種方式很可能就是投顧老師結合主力作手喊盤。這種流程是由投顧老師先吸收會員收取高額的會費，並結合金主鎖定特定股票，結合會員、金主(有時是公司派)一起拉抬股價。

如果成功了，股價炒到滿意的價位出脫獲利，金主、投顧老師都能獲得豐厚的利潤，但是跑不及的一般投資人就很可憐。說穿了，這些人的利益就是從小投資人口袋裡騙走的。

所以，為什麼跟著投顧老師買股票存在風險？因為有心人士炒作股票一定會選具題材性的個股。即使很有經驗的投資人也不易分辨股價上漲的原因是否是為人為操縱。

3章 047〜083

Plan

低度風險/中度報酬的年度計畫如何
設定？

投資戰略篇

跟著「靈感」走，胡亂投資是賺不到錢的。
妥善擬定戰略，
勝算大大提升。
獨門的年度計畫，
幫助投資人控管風險。

第一節

制定年度計劃目標是增加資產

為了使資產增值,投資股票前有一件必須要做的事情,就是制定年度交易計畫。

5個制定策略重點

有了年度交易計畫,就能冷靜的進行每一次交易。

很多人覺得制定一年度計畫太長,可以六個月後或一個月後再重新以年度為基礎修正,整體來講年度計畫的方式不變。總之,如果沒有先定計畫就開始投資的話,投入股市的現金無異於任憑市場擺布。

年度計劃如何制定呢?

有以下五個重點。

- 年度目標利潤率
- 年度交易次數
- 一次投資的目標停利率
- 一次投資的停損率
- 年度目標勝敗率

上述的5個元素只要有一個變動,其他的數字也會跟著變動。年度計畫有點類似運動競技比賽的幾勝幾敗,如果遇到的對手很難纏(停利率訂得很高)少打幾次勝仗也能取得全面的成功;如果對手很容易克服(停利率訂得很低)就得頻頻打勝仗才能獲得相當的利潤。

每位投資人的現實情況不同,有些人一星期難得有幾小時看盤,能交易的次數也少;有些人則每天看盤也能天天交易;而初學者與老行家所期許的目標利潤率也不同。這個方法可視情況自由設定調整。

制定年度計劃的優點

股市投資人都能體會,能否在市場獲利的關鍵在情緒控制,但不論是何種投資人,看到股價上漲後繼續上漲,在情緒上沒有不會變得更積極的;而看到股市下跌則擔心它無止境下跌也是人之常情。但是,如果不能

設定年度交易計劃的五項變數

目標利潤率
不能制定過高的目標。
設定一個可以實現的數字。

交易次數
考慮到自己能用於投資的時間，決定交易次數。

停利率
比「一次投資的停損率」高。
但是不能過高。

停損率
一定要比“一次投資的停利率”低。

勝敗率
設定過高的成功率沒有必要。
也不能定太低，太低沒志氣！

結合投資的目的，均衡設定

Column

投資EQ

成功的投資人要能高度的管理自己的情緒智商，可是，別只是說說而已，最好是利用工具與養成時時反省的好習慣。而這些都是不需成本的，它只需要一枝筆、幾張紙，不厭其煩的用最笨的方法一直計算與檢討。

控制這種感情，就無法成為股票投資的成功者。為避免感情用事，所以要制定年度計劃。

從投資計畫中可以清楚看出，每次的交易只不過是整個投資計劃中的「一顆棋子」，最終都是為了提高全局利潤。只要有了這種意識，就不易被貪欲和恐慌擺佈，能簡單的按既定的模式進行每一次交易。

如果可以確實執行，就能達到年度全局獲利的目標利潤率。

合理的目標利潤率

右圖有一張年度計畫範例，讀者可以先決定停利率與停損率（原則上停利率＞停損率），數值要設定多少？有經驗的投資人可以依照過去的交易紀錄，取合理值。新手可參考範例的基本值。

交易次數則依照交易習性，通常業餘的上班族交易次數可以制定少一點，如果時間很充裕就能把次數調多一點，但這不是絕對的，有些優秀的

職業投資人交易次數反而很少。

計算的方式很簡單，如果一年交易11次，7勝4敗，勝敗率就是7/11，也就是63.6%。停利率是10%停損率是8%，全年度的利潤率就是　+(7次×10%)–(4次×8%)＝38%　依此類推。這是一種計算順序，也可以反過來計算，先設定年度目標利率再反推回來，每次停利與停損要設定多少、應該交易幾次……

可能有人想把年度目標利潤率設定很高，但是並不是目標高就好。考慮到自己能用於投資的時間和停損的技術，設定可以實現的數字才合理。

不輕易改計劃，至少得等六個月

一旦制定好年度計劃不要輕易更改。較強的上漲走勢可以把目標設定的再高一點，但是如果被市場擺佈就會很危險。新手尤其需要注意。若要變更至少要在六個月後。而且並不是隨市場狀況而變，而是要根據自己實際的投資成績進行更改。

年度計畫範例

※本計算方式忽略交易手續費與稅金。

	基本	例1	例2	例3	例4
太棒！我會定策略了！	這是一般初學者與業餘上班族的基本模組。	想再多賺點錢的上班族，願意多花時間選股，以提高成功機率。	自忖沒太多時間看盤，交易次數少，但要提高獲勝率。	閒暇時間多可以多交易，成功率即使低一點還是可以有高報酬率。	對於股票操作很有把握屬於專業級的玩家，停利率高因為選股很有經驗。
目標利潤率	20%	38%	38%	80%	46%
交易次數	20次	20次	11次	80次	30次
停利率	10%	10%	10%	8%	25%
停損率	8%	8%	8%	6%	7%
勝敗率	50%(10勝10敗)	55%(11勝9敗)	63%(7勝4敗)	50%(40勝40敗)	26%(8勝22敗)

第二節 ·············· 年度計劃・交易次數

建立投資風格

上一節的介紹，讀者計算機按一按，相信很多人會想：在其他條件一定的前提下，每一年內的交易次數越多就越能積累更多利潤。

那麼只要多做交易，獲利不就可以提高了嗎？

就會計上來說，當資金周轉的效率愈高獲利率就愈大。但如果交易次數超過自己的承受限度或失敗率過高，交易次數多就成問題了。

為了獲得利潤勉強的制定多次交易的計劃，結果什麼都買或是頻繁交易並不一定好。

初學者目標是一年20次交易

在選股方面，一定要抽出時間了解個股基本面(參考「本益比」一書)，並懂得看股價圖(參考「短期交易」一書)，等待好時機再進場以增加勝算。持續一年後，就會了解一年進行幾次交易，對自己最適合。

有時候即使花費很多時間尋找投資標的，也沒有好股票可買進。這時候不要忘記「空手」也是交易方式一種。初學者可以以一年二十次交易為標準。如果有充裕的時間查看標的和尋找股票可能增加交易次數。而少有時間看盤的人則少交易次數。

為什麼「技術不熟練」或是沒時間看盤的人不能經常交易呢？

為了達到獲利的目標，尋找「便宜股」是目標，所謂的便宜股並不是指價格低的股票，而是相對來講在現在的時間點上便宜的股票。而這是需要花時間的。

認識股價波動

股價必然會有波動。所謂的波動就是連接一段時間的最低價與最高價形成的波峰與波谷。

如果能抓住股價的波動，在低價處買進，高價處賣出是基本方法。

短期與中期波動的差異性

	短期波動	中期波動
特徵	捕捉股價微小的價格變動。 每年約有10次左右的波動。	捕捉股價大幅的價格變動。 每年約有兩到三次的波動。
優點	上漲下跌期間較短，交易機會多。	大幅價格下跌後買進。 進一步下跌的風險較低。
缺點	微小下跌可能會變成大幅下跌	大幅下跌需要時間較長，交易機會少
適合	中上級以上投資者。 中等風險高回報	初級投資者。 低風險中等回報。

頻繁交易可選擇短期波動

如果可以慢慢來的交易類型可以選擇中期波動

Column

跌深反彈

在一般狀況下，股價沒有永遠的漲或跌，當股價跌到一個程度即使沒有止跌上漲的趨勢也必出現反彈行情，相同的，漲多了即使不出現下跌趨勢也必出現漲多回檔行情。

主要的波動包括「短期波動」和「中期波動」（另外還有「長期波動」，但這裏不作列舉）。它與年度交易次數有很深的關係。

中期波動與短期波動

右圖是最近一年國內大盤走勢圖，一年內國內股市大約有十次左右的小波動本書稱為「短期波動」。

幾次的短期波動後形成一波大波動，大約說來每年有兩到三次的稍大波動，是本書所謂的「中期波動」。

新手看中期，老手看短期

利用短期波動進行交易，每年的交易次數會增多。相反，使用中期波動進行交易，交易次數會減少。

初學者最好以掌握中期波動為目標。因為中期波動的進場時機點選在股價充分下跌後，再進一步下跌的風險較低。對停損的技術有自信的中上級投資人可以使用短期波動，以增加資金周轉率進而擴大利潤。

一般說中期波動每年兩到三次，但是這是對一檔單一股票而言，如果對幾檔股票捕捉中期波動，那麼總體的交易次數就可以增多。

非平均式的交易次數

此外，選股也是門大學問，不熟悉基本分析的初入門者不太可能一口氣同步照顧很多檔股票，所以，如果為了獲取高利潤而勉強選很多股票採多次交易也是沒有必要的。

從右圖於國內股市隨機截取的走勢圖再一次印證，股市雖然一年營業300多天，但並非每個營業日都是交易的好時機，下跌趨勢空手就是賺。所以，設定好交易次數後也不是用除法平均交易的（例如年度計畫是24次，每月交易兩次），跌深反彈或關鍵性的股價轉折點進場才能事半功倍。

總之，制定交易策略就是讓投資人可以更有效率實在的獲利。而一旦確認自己的投資戰略，就要好好的照表操課，做個有規矩的投資人。

比較短期波動和中期波動

55

第三節········ 年度計劃·停損與停利率的設定

停利與停損按照計畫進行

每一次投資的停利率和停損率如何設定呢？

原則：停利率大於停損率

一般情況目標停利率要比停損率設定得高。這樣一來，通過反復交易，才有利潤。

而設定每一次投資的目標停利、停損率與個股選擇有關。首先要關注個股過去上升的平均上升率。選擇過去平均上漲率比自設停利率高的個股。又因為每檔股票的上漲率並不一定和以前的上升率相同，所以要留有一些餘地，以防沒有上升到原有程度的情況。

選擇上漲率容易掌握的個股

還有，也要儘可能選擇過去上漲率平均數值比較相近的個股。比如，以右圖友訊為例，近兩年的平均上升率每次的大波段約在15％，如果你計畫停利率是12％或10％就算是還不錯的投資標的，不用強調一定賣在最高點買在最低點，取一個中間較保險的波段操作，勝算會加大。

相對的，如果選擇過去的上漲率很不平均，例如國內某股票（見次頁）曾經狂飆到近200％的上漲率，在狂跌後，之後的股價上漲水準也還是不整齊，對於長期投資人而言風險就太高了。

按計畫執行停利

股票沒有過去如何未來就一定如何的常規定律，但是投資人利用歸納整理的功夫從個股的過去歷史預測未來的走向是很合理的，但不管如何還是存在著風險，所以，即使千挑萬選買進了，股票也上漲了，仍要堅持既有的保利計畫與停損計畫。如果想著還會上漲，過於貪婪，一直不賣掉，股價一下跌，之前的努力也會付諸東流。

選擇與目標利潤率相符的個股(優良版)

Step1 檢查過去的上升率

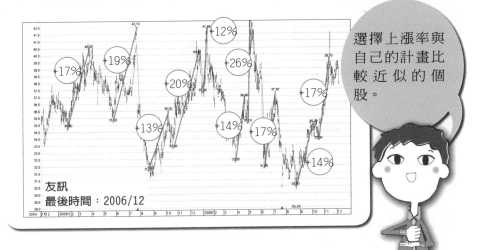

選擇上漲率與自己的計畫比較近似的個股。

Step2 以過去上漲率為基礎，估計這一次也在這個範圍內

目標利潤如果估15％為安全起見可以在12％左右就先賣出，以免股價又往回走。

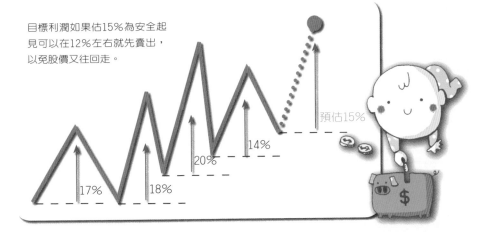

前幾節也曾經討論過，賣掉的股票進一步上漲是很自然的事情，因此即使這樣也沒有必要後悔。

按照計畫執行停損

不管是誰，操作股票背負損失很痛苦這是人之常情。但是，認真的再想一下為什麼那麼「痛苦」呢？關鍵是差額損失過大，超乎「想像」

或是超乎可承受範圍。

相信沒有人在亞馬遜河森林遇到蛇會覺得很意外，因為在「想像中」那裡會有各種爬蟲類。而一位不設定停損點的投資人就像到亞馬遜河森林旅行卻沒有心理準備要遇蛇一樣。

另外，應該也沒人會把停損率設在超過100％吧！如果設定在5％、8％，要執行停損就沒有那麼困難了。

3勝4敗只有42%成功率還有利潤的情況

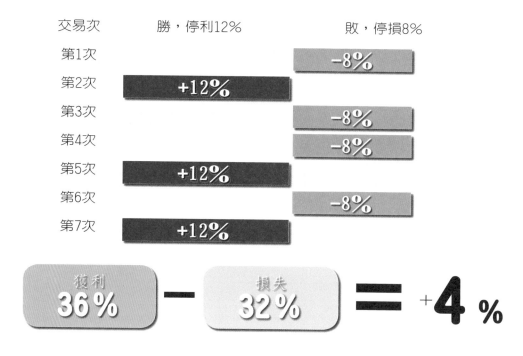

選擇與目標利潤率相符的個股(不良版)

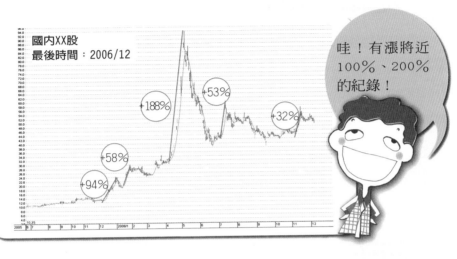

哇!有漲將近100%、200%的紀錄!

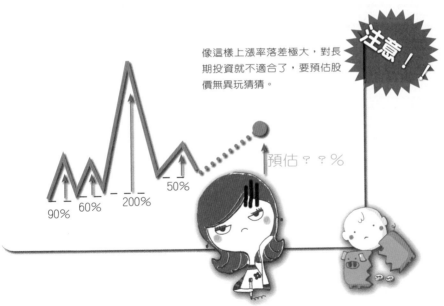

像這樣上漲率落差極大,對長期投資就不適合了,要預估股價無異玩猜猜。

注意!

第四節

大盤調整期是買進時機

市場處於上漲趨勢與處於下跌趨勢操作的戰略完全不同。

長期波動看產業結構、技術革新

如果有人可以預測市場趨勢是向上或向下，操作股票就可以無往不利了，不過，長期波動不容易預測，因為長期波動跟產業結構與是否有新技術革新(最好是殺手級的技術)有關，此外，還有難以量化的不確定因素諸如政治、甚至天氣等等。

如果有具體的徵兆可以判斷長期趨勢是向上只要提前布局就能獲取利潤。但與其要花很多時間去研究一個不確定的長期趨勢，還不如掌握住在長期趨勢底下的中期走勢與短期走勢。這裡所謂的中期走勢指的是市場在跌深之後市場的反彈調整或是大漲後的休息調整。而短期走勢這裡指的是投資人獲利了結後所產上的股價調整。

短期波動和中期波動可以說就是由於這些調整而產生的波動。

大盤的中期調整每年約兩、三次

前一節列舉了大盤指數的短期波動和中期波動，以大盤的中期波動而言，一年大約有3次上下，投資人在選擇購買個股的進場時間，可以先觀察大盤指數的動向，趁中期波段剛大跌過後的調整時期為目標。因為在充分下跌後買進，再進一步下跌的機率比較低。

行業不同，調整期也不同

此外，細心的投資人可以回頭查看不同類股的股價圖，有些行業會比大盤提早變動，有的會則會比較晚出現變動。同時，相同的行業中，也有總比較早變動的企業和總比較晚變動的企業之分。

投資人利用這些「偏離」，在大盤

利用大盤轉折點買賣股票

大盤，週線
最後時間：2006/12

觀察大盤的動向，在調整時期買入。每年兩到三次的調整就是投資人買股的目標時機點。

並非每類股的調整時間都一樣，認真觀察不同類股、不同企業的轉折點有的快有的慢跟大盤都有些微的差距，利用這種偏離大盤的資訊，也能增加獲利致勝的機會。

大盤在這裡調整。

上市鋼鐵，週線
最後時間：2006/12

鋼鐵類股在這裡調整。

新投資常識篇

獲利祕笈篇

投資戰略篇

股價圖模型篇

Column

調整

股價朝與之前走勢相反的方向變動叫做調整。不過，一般下跌中的股票暫時上漲的時期不使用這個用語，上漲中的股票暫時下跌的時期會經常用到這個詞。

指數中期調整後已開始發揮上漲能量時，就可以實踐平日選股功課——對好股票掌握住進場時機。

以新手來講，如果能把握住大盤一年兩三次的波段整理，在每次整理波段中來回操作1、20次是很合理的。

景氣循環圖

如果要了解市場的長期波動，可以參考景氣循環圖。

市場上有所謂「三段上升、三段下跌」的說法，三段上升分別為初升段、主升段、末升段；三段下跌分別為初跌段、主跌段、末跌段。

就經驗上來看「初升段」與「末跌段」最難判斷，此時整個社會瀰漫著悲觀氣氛，新聞報導不斷出現負面財經新聞，包括企業跳票、大公司解散、外移、裁員……，這時投資人幾乎是怎麼買怎麼套，有種「跌深不知處」的感覺。於是開始一批一批的投資人因失望而離開市場，當悲觀的氣氛到達了極點，股價反而有「打底」

的現象，市場會出現股票賣了，但股價卻不跌的現象，而隨著悲觀的情緒反應過去，企業獲利不佳的實情已發生，也就是所謂的「利空出盡」，隨之而來的就是下一波的漲勢開始。

股價，築夢預期心理反應

當悲觀情緒與悲觀行情到了極點，就是下一輪上漲走勢的開始，但跌跌不休會到什麼時候沒有人敢打包票，所以對企圖「撿便宜」的投資人這個階段不易辨識。

「主升段」則是對未來獲利的預期樂觀所形成的。這個階段最明顯的是價、量齊揚，人們的手頭開始變得寬鬆，度過了不景氣市場，看壞的人減少，新的資金投入股市，股市又有了生氣。

對於上漲或下跌的趨勢預測可由右圖的景氣循環與股價、消息面三者互相搭配推演，最好的情況是從多方面觀察以早一步查覺目前行情的位置是在山頂還是在谷底。

股價景氣循環圖

●景氣循環、股價與消息面三者搭配，推演出股價所處的階段。

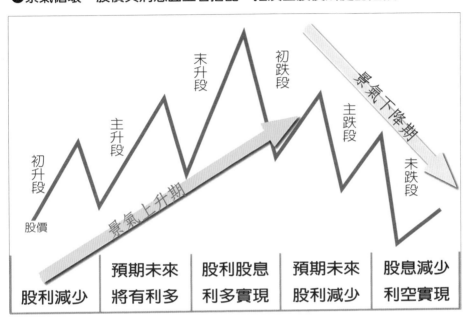

| 股利減少 | 預期未來
將有利多 | 股利股息
利多實現 | 預期未來
股利減少 | 股息減少
利空實現 |

Column

關於趨勢

　　股價變動的趨勢可以大分為主要趨勢、次要趨勢與短期趨勢。投資人可以從經驗或歷史數據與媒體訊息試著掌握股市趨勢。股市週期循環的動向是股價預測的重點，配合金融、人氣、技術指標，以判斷現階段是處在那一種趨勢中。

第五節 .... 上漲行情的戰略

趁上漲回檔時是進場時機

遇到上漲行情如何交易最有利呢?

上漲趨勢的特色

　　股價一度到達高價後回檔調整,再上漲到高於上一次的高價,這就是上漲趨勢,也就是股價反復上漲–調整–再上漲–調整。

　　對於個人投資者,上漲趨勢是最有利的行情。即使一次買進時機不對股價下跌,只要可以忍耐等到再次上漲超過買進價後再賣出還是會有利潤。這也就是為什麼早年國年股市走大多頭上漲趨勢時,有人喊出「隨便買,不要賣,就能賺」的口號。

　　如果行情真的「總之就是會漲」所以就任何時候買進都可以嗎?

　　不是的!這樣是不行的!

資金運用效益

　　首先,這種方法資金效率很低。

在高價處買進,下跌後等待再次上漲需要時間。相同的利潤,最好在相對短的時間內實現比較好。

　　此外,也有可能整體市場處於長期上漲趨勢,但是個別股票會因為某種原因是下跌走勢。

　　所以,最好的方法就是隨時做好停利的準備,選擇在上漲之後價格回檔調整時買進,上漲後賣出……而且可以更換標的反復進行。

　　這樣不會浪費時間,資金有效率的周轉,利潤就能得到提高。

上漲行情也潛藏危險

　　上漲行情總有漲到盡頭的一天。如果已進入下跌趨勢,卻想著總有一天會上漲,買下股票一直放置不賣,就容易遭受巨大損失。因此,一定要嚴格遵循自己決定的停利與停損率。這樣才能將損失控制在最低限度,而到手的利潤也才能入袋為安。

上漲趨勢，掌握回檔時的低價

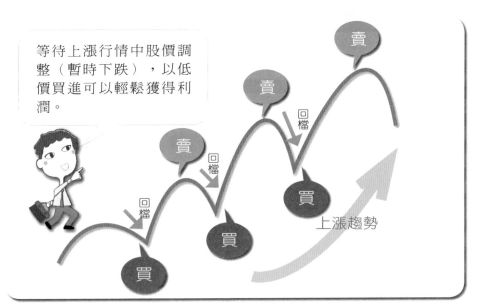

等待上漲行情中股價調整（暫時下跌），以低價買進可以輕鬆獲得利潤。

回檔

賣

買

回檔

賣

買

回檔

賣

買

上漲趨勢

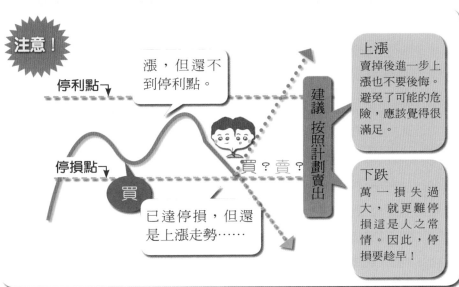

注意！

停利點

漲，但還不到停利點。

停損點

買

買？賣？

已達停損，但還是上漲走勢……

建議 按照計劃賣出

上漲
賣掉後進一步上漲也不要後悔。避免了可能的危險，應該覺得很滿足。

下跌
萬一損失過大，就更難停損這是人之常情。因此，停損要趁早！

第六節⋯⋯⋯⋯ 尋找標的

買進「便宜股」是成功的基本原則！

大幅上漲的個股很受關注。尤其是出現在上漲排行榜、成交量排行上或者新聞報導中的股票總會招來更多的投資人，在話題的催化下，這種股票價格容易一飛沖天，投資人也能享受增值的樂趣。

投資人都喜歡買這樣的股票。

大幅上漲暴跌的風險大

但對長期投資人而言，這不是理想的投資標的。的確，暴漲的個股可能還會進一步上漲。不過人氣推升下已經漲到一定程度的股票下跌風險將變高。

一般說來股價會依循正常水準為中心（請參考右圖），在偏高水準或便宜水準上下浮動。

股價上漲後，由於投資人的賺錢欲望，會有更多的股票被投資人「加碼」買走，下一批的投資人則會在既有的價格上再繼續加碼，於是股價被過度哄抬而偏離應有的股價太遠。

如此市場上一旦出現獲利了結，股價便開始下跌，由於投資人擔心虧損，股票被不斷賣出，股價會過度下跌。

市場這樣的戲碼不斷在重演。

買進「便宜股」是成功秘訣

因此，投資人要關注股價的適當水準在什麼價位，整體趨勢是向上還是向下，當行情被過度低估就是買進的時候，當行情被過度膨脹就賣出。這就是股票獲利的原則。

而本書所說的「便宜股」就是股價被市場低估時的股價，而不是價錢很低或是跟公司淨值相比低的股票。

更清楚一點定義「便宜股」，可以說是「由於某種原因大幅上漲後，因為股價調整暫時下跌的股。」便宜股進一步下跌的風險較小，而且極有可能再次上漲。

以標準水平為中心，股價在其間上下浮動

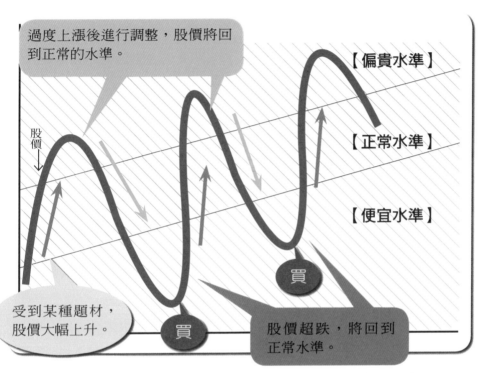

過度上漲後進行調整，股價將回到正常的水準。

股價
↓

【偏貴水準】

【正常水準】

【便宜水準】

受到某種題材，股價大幅上升。

買

買

股價超跌，將回到正常水準。

─── C o l u m n ───

成交量

一定期間內股票市場中交易的股票數。

走勢下跌的股票不是便宜股

這裏需要注意的是「便宜股」並不是指「正在下跌的股」。

買進業績非常差,完全進入下跌走勢的股票,只會進一步下跌。這種股沒有上漲的誘因,千萬不能買。

只有由於某種原因讓處於上漲走勢中的股票暫時下跌,使得股價相對便宜才能買進。此外,「便宜股」還要具備以下四個特點:

「便宜股」的特點

1.上漲走勢中正在暫時調整的股票

由於某種原因股價上漲,上漲後進行調整,而且已經下跌到再往下跌機會很低的個股。

要找出這樣的個股,留心基本面與消息面,看看是否能找出「股價飆漲」的理由,如果是業績大好的因素,等待前一波投資者獲利了結而賣出股票後,此時股價回檔就是值得介入的時間點。

2.流動性較高的股票

買進股票,目的就是要賣掉股票,但有些股票雖然便宜,等到想賣時卻「沒有人想買」,這時行情可能轉入下跌。

這一點不管選擇長期還是短期交易都要留意,總之,只有流動性高的個股才是值得買進的。

判別流動性高低可以從成交量觀察,若是成交量每天都很低,表示股票乏人問津,風險相對高。

3.價格有動能,容易上漲的股票

價格具有動能且平均上漲率高的個股,對投資人來講很快分出勝負。所以股票持有時間可以很短,投資效率高。

4.市場上受關注的股票

市場上受關注,曾經大幅上漲的個股,調整結束後極有可能再次大幅上漲。

因為市場的資金有限,曾受關注的股票很容易再次成為資金挹注的標的,而資金在那裡行情就在那裡。

便宜股需同時具備四個特質

選擇了這些商標，想賣掉的時候比較不用擔心賣不掉。
而且買進之後還能期待有大幅度的上漲。

1 上漲走勢中暫時調整的股票

2 流動性高的股票

3 價格具動能易上漲的股票

4 市場上受關注的股票

Column

流動性

指與其他物品進行交換的難易程度。交易活躍，只要想交易任何時候都能交易的就是「流動性強」的。

第七節 ………… 買進時間點

運用工具盡可能的低價買進

找到前一節所說的便宜股後，就可以利用技術線圖尋找買進的最佳時點。

利用技術分析尋找買點

對技術線圖不熟悉的投資人，覺得那些複雜的線有點難懂，但如果決心要買股票，不花心思了解線圖是不行的。

技術線圖其實沒有很難（請參考「短期投資」）。本節簡要的介紹如何快速的利用基本的技術線圖，找出股價已經有停止下跌的個股。

移動平均線與壓力、支撐線

股價停止下跌的點怎樣尋找呢？有幾種方法。

第一種，觀察移動平均線。

將過去一定時間內股票收盤價的平均值連成的線成為移動平均線。參考過去個股的股價圖，如果很多次股價總是跌到平均線以下就開始反彈，就可以預測這一次也很有可能到達這個點就停止下跌往上漲了。

第二種，觀察支撐線與壓力線。

支撐線指的是過去股價好幾次都在這一帶停止下跌的價格帶。

投資人們通常認為，股價下跌到支撐線附近後，將不容易再繼續下跌，所以在附近買進勝算比較大。

過去股價好幾次停止上漲的價格帶稱為壓力線。股價一旦往上突破這條壓力線，股價有機會進入新的局面，那麼，這壓力線反而成為新行情的最低價。

第三種，股價總在某價格帶上下浮動的地方也是止跌點。

尋找關鍵價格，雖然技術分析是預測無法百分之百掌握行情，但從過去歷史行情所推演出的預測卻可以比較理性的評估價格是上漲還是下跌。因此，不管目前的股價是上漲了還是

支撐線的三個點

①碰到均線就跌不下去的點

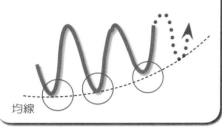

均線

②過去幾次停止下跌的點

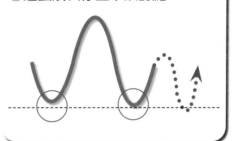

③過去幾次股價上下浮動的點

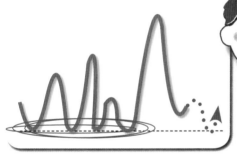

以這幾點作爲參考，找出股價便宜的點。

Column

技術分析的理論根據

技術分析是有一定理論根據的，只要這些理論假設站得住腳，技術分析便能充分發揮功能。它的理論根據大致有以下幾點：

1. 股價由市場供需力量所決定。

2. 供需關係受理智與不理智因素影響。

3. 一切影響股價因素最終反映在價格上。

4. 股價波動有一定趨勢。

5. 主要趨勢能持續一段較長的時間。

6. 歷史常重演，型態可辨認。

7. 市場買賣行為常走在消息面之前。

71

下跌了，投資人都要回頭觀察股價曾有的最高與最低價。

明顯的數值與黃金比例

為了探尋「股價到底將在那裡反彈？那裡回檔？」專業的分析師是如何預測行情的呢？

行情特別喜歡在明顯的數字上作轉折，最常用的數字有1倍、2倍、1/2、1/3與黃金比率(0.382、0.618、1.382、1.618……)(參考本系列「短期投資」一書)。

強勢反彈與弱勢反彈

以股價最近的最高價和最低價價格幅度為基準，從高價下跌了1/3的地方稱為1/3下跌；從高價下跌了1/2的地方稱為1/2下跌；從高價下跌到低價的地方稱為全價下跌。

很多投資人都意識到了這些特別的點，而視為股價轉折點。

強勢上漲趨勢可以以股價回檔1/3到1/2為標準；若股市屬於盤整期可以以2/3下跌到全價下跌為標準。

黃金比率也是股價重要轉折點，它的判別方式跟前面的方式一樣，處在強勢上漲期，股價下跌到0.382就開始往上走屬強勢上漲，若下跌到0.618再開始往上走屬弱勢上漲。

多重價格帶判斷止跌點

有那麼多的判斷與計算方式，到底該採取那一種呢？

股票交易尋找價格轉折點，多個點重疊的價格帶是最佳的。

投資人在股票交易時，也不要太執著非要買在最低點不可，如果找到最佳投資點是50元，那麼就設定51元買進吧！

因為法人機構通常也採用這種判別方式，而他們特別喜歡明顯的整數，個人投資者如果在法人之後進場可能50元價位還沒有跌到，法人一進場就已經把價位擠高了。

尋找股價轉折的關鍵點

● 1/2、1/3、1倍、2倍、0.382、0.618都是行情轉折參考點。

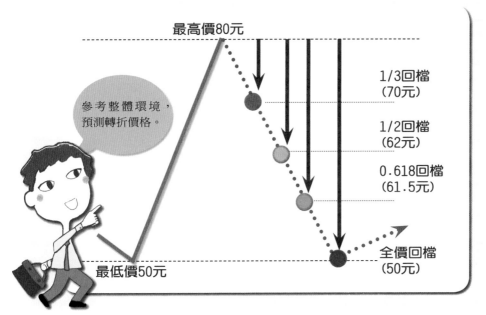

最高價80元

1/3回檔
（70元）

1/2回檔
（62元）

0.618回檔
（61.5元）

參考整體環境，
預測轉折價格。

全價回檔
（50元）

最低價50元

Column

技術分析的侷限

1. 可提供賺錢機會，但不能保證賺得到錢。

2. 提高交易成功率，但不一定絕對準確。

3. 可以提供線索，但不是100%反映市場現況。

4. 能由歷史推測可能的風險，但無法預知突發情況。

第八節 ………… 賣出時間點

推演賣出股票的五個劇本

賣 股票比買股票難！

買股價的時候，心裡充滿期待；賣股票的時候，貪婪、不甘、恐懼……很多情緒都可能出現。因應之道就是先把劇本想好，屆時按照情況套用不同的劇本。

如預期獲利賣時的一套劇本

制定好年度計劃，如果已確定一次目標利潤率是12%，買進之後價格上漲12%不用再多想馬上賣掉！這時最理想的賣出模式。唯獨要建立的心態就是，賣掉後股價進一步上漲很正常不用後悔。

這是賣出的第一個劇本。

不如預期時賣出的四套劇本

如果買進後沒有上漲到目標利潤率就下跌，可以參考以下四套劇本。

劇本 1

觀察過去股票的下跌率，如果下跌率是8%，設定從現在起跌到9%(也就是超過8%以上)就認賠出場。這是承認看錯行情——原來股價是要向下的而非向上。

股價沒有跌到9%以上，有可能再次反彈，說不定就能上漲到原先設定的停利點；如果跌超過9%表示個股利空消息持續，究竟跌到何時才會停止很難預料，先出場為宜。

劇本2

買進後股價本來是上漲的，但還沒到達停利點就往下掉，中途覺得情況沒有預期的好就先賣掉獲利了結，是第2套劇本。

劇本3

第三部劇本不僅要考慮到價格，還要考慮到天數。也就是回頭檢查過去個股上漲從低價到達高價平均花了幾天。

股價雖然沒有到達目標利潤率，但已經超過平均歷史上漲期的天數也

停損劇本1、2

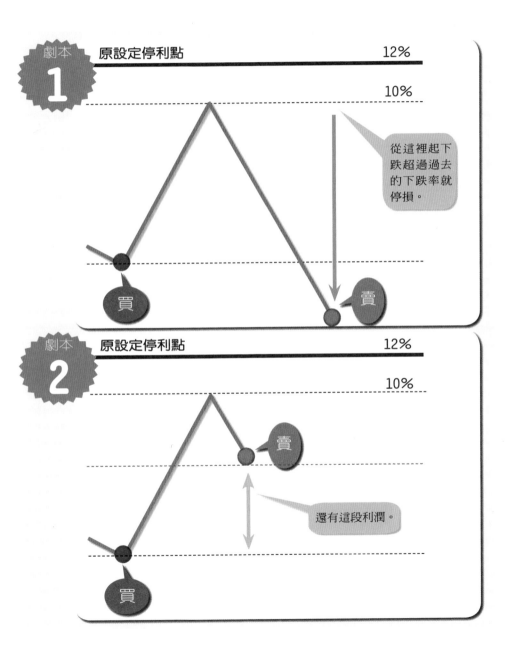

劇本 1

原設定停利點　　　　　　　　　　　　12%

10%

從這裡起下跌超過過去的下跌率就停損。

買　　　　　　　　　　　　　賣

劇本 2

原設定停利點　　　　　　　　　　　　12%

10%

賣

還有這段利潤。

買

要先停損。因為過了這些天數極有可能轉為下跌，所以實行「期間停損」，以盡可能保有已到手的利潤。

劇本4

這一種情況就是最原始的設定，也就是買進股票後幾乎沒有上漲或者只是小幅度的上漲之後就一路下跌，這種情況就是按照原先的計畫達到停損點就停損出場。

當然，最重要的是在決定買進股票時就要慎重，避免出現上述情況。但是由於出乎意料的原因使得股價下跌後，如果到達了年度計劃中決定的停損率，就毫不猶豫地賣掉。不要讓損失擴大，應該等待下一次機會。

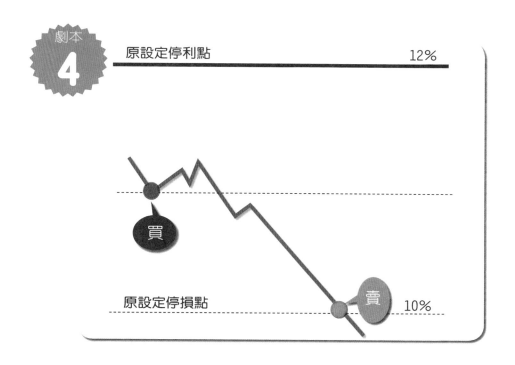

配合價格與時間停損

● 參考過去的資料設定 "期間停損" ，然後按照計劃賣掉

假設過去的低價到高價的上期期間分別是15天、13天、16天，可以捉個大概設定本次上漲期間是14天，超過14天還沒漲到停利點也先賣出。

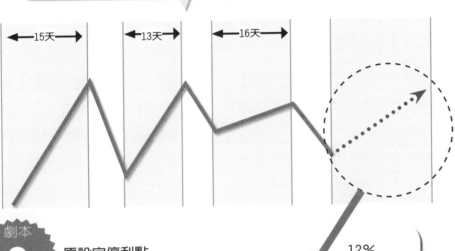

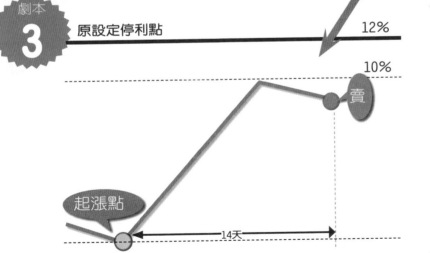

劇本 3

原設定停利點 — 12%

10%

賣

起漲點

14天

第九節 ⋯⋯⋯⋯⋯ 股價分析方法 ①

基本分析的必要與侷限

股價分析方法包括基本分析和技術分析。

由企業成長性推斷股價

基本分析是指影響股價的「基礎經濟條件」，以分析國家和個別企業未來成長為基礎。

在基本分析中，調查分析企業將來的成長潛力，預測將來股票的價值並比較未來的價值和現在的股價，判斷目前股價高低。

不管是國內外，具規模的證券公司都會依產業甚至是單一的企業安排分析師以對企業的營業前景與財務等等進行調查研究。具公信力的證券公司或分析師其調查報告對市場有一定的影響力。

分析師對調查結果提出分析報告，是基本分析的典型代表。

基本分析看似合理，但有缺點

參考分析師報告買進股票的投資法也稱「成長（grows）投資」。也就是一種購買企業成長能力的投資方法。

以分析師報告為基礎的成長投資在發明或引進新技術初期較能掌握上漲契機。若能掌握住成長初階段的投資機會，就能獲得長時間的上漲行情。

不過，分析師報告在股價上漲期間的判斷總偏向於積極面，等到行情已從上漲轉為下跌，分析報告往往依然偏向於積極。因此，相信了報告內容的投資者可能被捲入暴跌的風暴中，而失去長期以來賺得的利潤。

這是採取基本分析最困難的一點。

就一般投資人，要很有信心判斷基本面與股價的關係不並容易，而被分析師評等為積極買進的個股有可能股價已經太高了。

基本分析的特徵

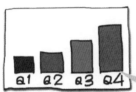

> 由基本分析選股要注意股價是否已進入高價圈。

分析方法	分析國家經濟狀況和企業業績財務。
投資方法	屬於「成長投資」方法。
優點	發明或引進新技術初期和景氣轉好初期可以活用。
缺點	股價進入高價圈依然被評等為「好」。被捲入暴跌的風暴機率高。
具體舉例	分析家報告。

新投資常識篇

獲利祕笈篇

投資戰略篇

股價圖模型篇

Column

選股如選美

知名的經濟學家凱因斯認為，股票選擇就好比在紙上進行選美評審。投資人必需由數百張數千張照片中挑選出最漂亮的臉孔。如果選出的結果最接近全體評審的看法，就是贏家。

基本分析資料的新鮮度問題

此外，證券分析報告的素質與新鮮度也有問題，雖然投資人看到分析報告的管道很簡便(在證券公司或網路上都能任意取得)。可是，這些分析報告是否來自於很有經驗也很公正的分析研究團隊之手呢？又證券公司的研究報告，一般投資人不可能全都讀到。所以，報告的「新鮮程度」也有可議之處。

畢竟分析報告首先會送到法人投資者手中，然後才向個人投資者公開。個人投資者能讀到的時候往往已經不是新鮮的資訊了。

靠分析報告買股票不完全可靠

所以，當個人投資者從媒體上或證券公司讀到分析報告時，其內容對股價的影響可能早就通過股價表現出來，此時買進價格很反而可能是高點。

上述所講的是常態性的狀況，另外一種是完全的居心不良，比方說，明明一家不好的公司，分析師只是掌握住一個沒有什麼重要性的話題，就把它炒作成業績出現大轉機啦，或是某某技術將改寫某某產業的新變革之類的。再怎麼說，分析報告並不具任何保證之責。所以投資人還是得自己小心。

閱讀基本分析報告的技巧

從上述的角度看，好像不閱讀分析報告反而是比較「安全」的做法。

不!當然不是這樣子的!

投資人不管採用長期投資或短期交易，了解公司的產品、競爭力、市場概況甚至是國際情勢都必須透過證券公司所提供的分析研究報告獲得，但是，認真的投資人絕不能照單全收，自己要收集資料，並跟其他的分析報告佐證。

如果非常想買分析報告所推薦極力說好的股票，為慎重起見，等待當前上漲局勢結束，回檔調整後再買進比較保險。

分析報告所評估的股價，新鮮度要留意

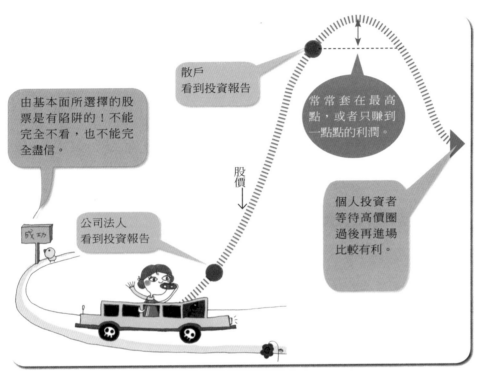

由基本面所選擇的股票是有陷阱的！不能完全不看，也不能完全盡信。

散戶
看到投資報告

常常套在最高點，或者只賺到一點點的利潤。

股價
↓

個人投資者等待高價圈過後再進場比較有利。

公司法人
看到投資報告

成功

Column

成長投資

關注企業成長能力，向能夠增長業績的個股投資的方法。從企業的成長能力來預測將來股價的變動。

第十節

技術分析的必要性與侷限

股價分析還有另外一種方法叫技術分析。

股價圖包含了很多資訊

有一句話說「要知道股價只有問股價」。

言下之意，從「股價的變動」可以反推「影響股價中所有資訊」。

股價變動本身即包括很多資訊，所以分析股價變動很重要，這就是技術分析。這種分析方法要用到表示股價變動的「股價圖」，從股價變動計算所得到的各種各樣「技術指標」以進行分析。

技術指標是採用股價的變化、量的變化透過統計學與數學方式計算出參考值，借以推測股價走向的一樣種方法。

技術指標的計算公式通常很複雜，這個部份投資人只要略略了解就可以，重點是這些技術指標所代表的意義與運用方法。

技術分析中會分析個股現在的股價與過去股價相比，是偏高、還是偏低、還是正好合適。

技術分析也會分析個股現在的股價與現在企業業績相比，是偏高還是偏低還是正好合適。

技術分析可以說是一種注重「相對價值」的分析方法，所以本書中將這種投資法稱為「便宜股投資法」。

利用技術指標，找出便宜的投資

股價在低價和高價間搖擺。因此上漲行情、下跌行情、盤整行情不管任何一種行情環境中，都存在相對便宜的股票。

但因為某種原因使得行情進入新局面，技術分析就難以對應。因為這種情況價格變動模式大幅變化，無法參考過去股價變動。

股價圖富含重要資訊

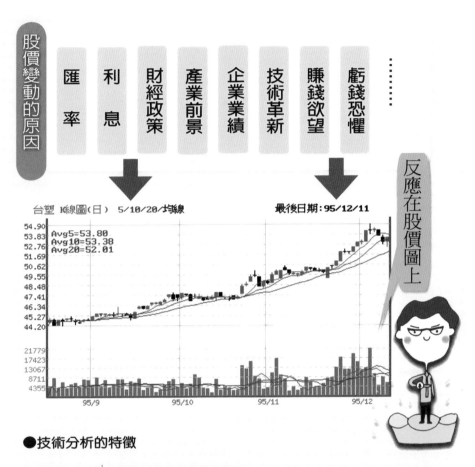

股價變動的原因

| 匯率 | 利息 | 財經政策 | 產業前景 | 企業業績 | 技術革新 | 賺錢欲望 | 虧錢恐懼 | ‥‥‥ |

反應在股價圖上

台塑 K線圖(日) 5/10/20/均線　　　最後日期:95/12/11

54.90
53.83　Avg5=53.80
52.76　Avg10=53.38
51.69　Avg20=52.01
50.62
49.55
48.48
47.41
46.34
45.27
44.20

21779
17423
13067
8711
4355

95/9　　　95/10　　　95/11　　　95/12

●技術分析的特徵

分析方法	分析股價和成交額的變動。
投資方法	選擇相對便宜時的股票投資。
優點	上漲、下跌、盤整都有機會獲得利潤。
缺點	無法將即時資訊作為指標。突然出現新局面不易對應。
具體舉例	股價圖、技術指標。

Model&Basic

掌握重點，有效率的學習

股價圖模型

完全新手搞清楚這14小節就能輕鬆上手。

第一節 ………… 股價圖的認識 ①

K線與交易量

前 一章介紹了制定年度計畫，並以「便宜股票」爲選擇目標，這一章則針對「便宜股票」的具體選擇方法做介紹。

看股價圖的基本知識

股價圖是根據股價變化製成的圖表。查看股價圖，可以了解股票的狀態——

「還在下跌。」

「賣這個股票的人變多了。」

「上漲勢頭停止了。要注意了！」

而且還能判斷現在買股票時機是否成熟，或者還需要再等等……。

股價圖並不難。只要掌握一定的基礎知識和要點，就能從股價圖獲得很多資訊。

下文將介紹對初學者實際操作有用的知識。

「K線」和「交易量」

股價圖是顯示股價變化的圖表，由顯示交易量（交易的股票數量）的柱狀圖與顯示股價變化的圖表構成。

以台塑股價圖爲例，右下圖採用一根K線表示一天內的股價變動；另外也有一根K線表示一周股價變動的（如右圖）。此外，也有一根K線表示5分鐘變化的5分K線圖等不同期間的K線圖。

一根K線表示一日股價叫日K圖，1周就是周K圖，5分鐘就是5分鐘K圖。

一般較多使用日K圖和周K圖。查看較長時間發展過程使用周K圖，查看細微變化使用日K線圖。如果搶短線的投資人就看時K圖或5分鐘K線圖。

K線將股價變化視覺化

K線的查看方法很簡單——

正中間很粗的軀幹部分稱爲「實體」，上下連接的是細線分別稱爲上影線與下影線。

看懂股價圖

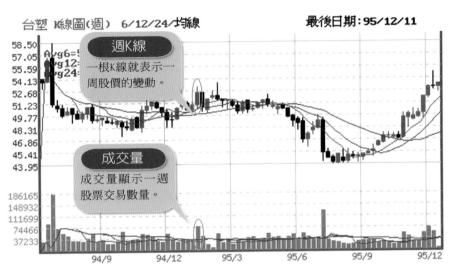

台塑 K線圖(週) 6/12/24/均線　　最後日期:95/12/11

週K線
一根K線就表示一周股價的變動。

成交量
成交量顯示一週股票交易數量。

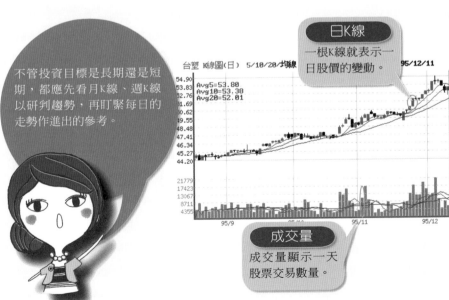

不管投資目標是長期還是短期,都應先看月K線、週K線以研判趨勢,再盯緊每日的走勢作進出的參考。

台塑 K線圖(日) 5/10/20/均線

日K線
一根K線就表示一日股價的變動。

成交量
成交量顯示一天股票交易數量。

影線

實體

影線

K線有陽線（通常用紅色或白色）與陰線（通常用黑色或藍色）之分。陽線下邊顯示開盤價，上邊顯示收盤價。也就是陽線表示從開盤價上漲到收盤價。

陰線

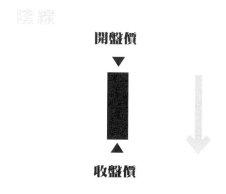
開盤價

收盤價

陽線和陰線的上影線表示高價，下影線表示低價。

陽線

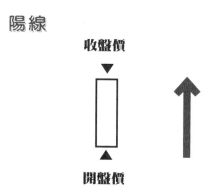
收盤價

開盤價

相反的陰線表示軀幹上方是開盤價，下方是收盤價。也就是顯示從開盤價下跌到收盤價。

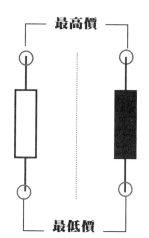
最高價

最低價

K線的畫法

股價上升-陽線

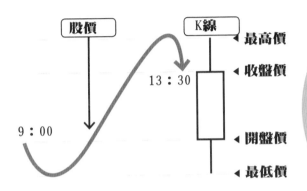

只用一根棒棒線，就把價位變化全都表現出來，利用它觀察股價變化很方便。

股價下跌-陰線

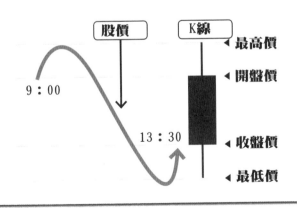

K線的形狀！

K線（日K）形狀隨一天的股價變動而變化。比如，一天的開盤價和收盤價相同（圖A），K線被壓扁的形狀就是俗稱的十字線，出現這樣的K線圖形表示站在買方的多頭與站在賣方的空頭勢均力敵，未來股價多空未明；若是股價從開盤到收盤一路漲，就會形成大陽線（圖D）代表續漲或突破或軋空行情；從開盤到收盤一路跌的情況，K線（圖E）出現大陰線形狀，也是重要的反轉訊號，行情有濃濃的上漲壓力，行情將結束或產生關鍵性的反轉。

不管是陽線還是陰線，上影線代表股價衝上高點後拉回實體的幅度，所以上影線愈長，表示股價衝高後向下修正幅度愈大，也就是那一個區域有人套牢，壓力就愈大。相對的下影線就是股價獲得支撐的力道愈大。

K線基本線形分析圖表

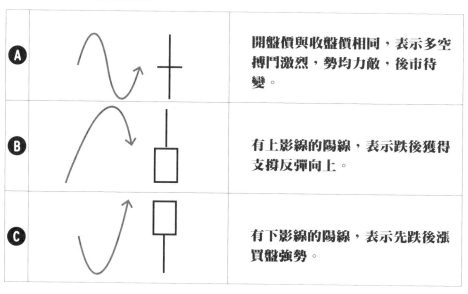

A		開盤價與收盤價相同，表示多空搏鬥激烈，勢均力敵，後市待變。
B		有上影線的陽線，表示跌後獲得支撐反彈向上。
C		有下影線的陽線，表示先跌後漲買盤強勢。

D		大陽線，表示強烈的漲勢。
E		大陰線，表示強烈的跌勢。
F		上影線很長，表示股價大漲後又暴跌。
G		下影線很長，表示股價大幅下跌又上漲。

Column

軋空行情

　　因為看壞行情所以投資人以融券的方式先賣出股票，企圖等股價再跌到低點時再買股票還給證金公司。但股價卻未如願的往下跌而是向上漲，使得這些作空的投資人不得不買回股票回補，本來是要做空卻被迫做多，這種過程就是軋空。

第二節············ 股價圖的認識②

3大趨勢——上升、盤整、下跌

股價的運動從來不是水平的，它總像波浪一樣，時而向上時而向下。

股價圖的目的在於把握趨勢

雖然說股價上上下下沒有一定，但從許多客觀數據與利用這些數據卻有機會推演出股價波動的趨勢預測，這就是技術分析的目的之一，整體說來，股價有三大趨勢——上升趨勢、盤整趨勢、下跌趨勢。

趨勢形成將持續一段時間

右圖是美隆電的日K線圖，從股價圖可以看出，4月到6月股價是下跌趨勢；6月到10月是盤整趨勢，股價在15.5到17.5間走了4個月左右，但突破10月初的高點之後，股價轉而是向上的趨勢。

不管是那一種趨勢，股價還是反復細微的上漲下跌——在下跌趨勢中，上漲下跌的同時，大的走勢是下跌的；在盤整期間，大的走勢是持平的；在上漲期間，大的走勢是上漲。

股票的變動不規則，可是一旦產生了某種趨勢（向某一方變動），還是有可能持續一段時間大幅變化。要注意的是持續下跌走勢時，買股票後可能仍然下跌。

上漲轉捩點是最佳購買機會

股價上下震盪，以下跌為主的變化稱「下跌趨勢」；持平的變化稱「盤整」；以上漲為主的變化稱為「上漲趨勢」。在趨勢轉變的關鍵點，如本例的A和B所示，意味著走勢變化，稱為「轉捩點」。

本例股價從25元跌到15元以一根大陰線（關鍵點A）結束幾個月來的下跌趨勢，股價終於止跌反彈了。

接下來幾個月股價雖企圖上升，但成交量一直無法放大，所以股價變

看股價圖確認走勢！

●看清股票趨勢非常重要。

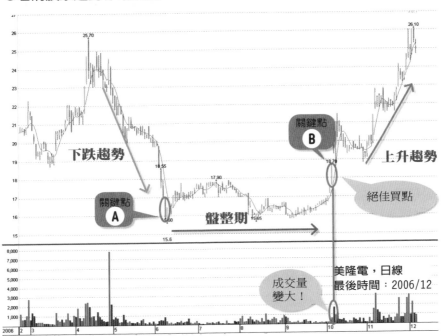

美隆電，日線
最後時間：2006/12

Column

技術分析的種類

　　廣義的來講，只要不是基本分析的股價分析法都可以叫做「技術分析」。最主要有四大類：

1. 技術指標
2. 價量關係
3. 線形理論
4. 線圖

93

動很小，而且是成交量連之前的一半都不到，沒有成交量股價等於處在「沒有人氣」的狀態下，所以股價盤整了足足四個月之久。

基本面與技術面交互影響

同年10月，美隆電業績傳出好消息（可由報章、網路查詢，查詢方法參閱本系列「本益比」一書），累計1到10月的營收較同期成長近3%，且公司大力整頓各事業部門及轉投資事業，企業因重新聚焦營運出現了轉機，股價也擺脫之前盤整格局，再度獲得市場的青睞。在關鍵點B股價上漲，交易量也增多。

在一段時間的盤整之後出現「交易量驟增，股價暴漲」顯示購買該股票的人迅速增加，上漲趨勢可期。

找出趨勢是漲或跌的理由

股價不會平白無故的上漲（或下跌），雖然個股的漲跌也受到整體股市榮枯影響，但對投資人而言，還是要尋找出「為什麼漲」「為什麼跌」「為什麼盤整」的理由，因為不同產業與個別企業不會對所有新聞都有同等反應，認真的投資人應該要個別研究。

股票轉換至上漲走勢的時間點，也就是股價的起漲點B就是投資人進場的最佳時間。

簡言之，學習股價圖的目的就是從這些價量變化中研判未來行情。

掌握趨勢投資事半功倍

上漲趨勢裡股價還是會有下跌的波動，這是一定的，但投資人只要大趨勢看對了，小波動就可以不予理會。

如右圖所示，能研判趨勢就可以增加投資勝算，在上升的趨勢中，即使股價買貴了一點只要耐心等待就能獲利；在下跌趨勢中，即使股價進場點價格低，還是敵不過跌的命運。

如果能看準股價將處於上上下下在一個範圍內盤整，採用低買高賣的的策略反復操作也能逐步獲利。

上漲走勢內購買！下跌走勢內不要買！！

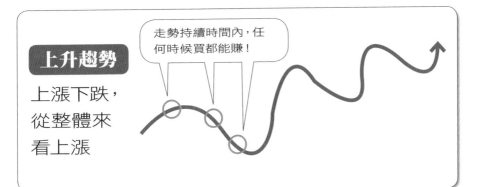

上升趨勢

上漲下跌，
從整體來
看上漲

走勢持續時間內，任
何時候買都能賺！

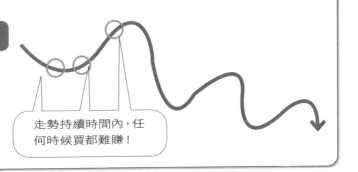

下跌趨勢

上漲下跌，
從整體來
看下跌

走勢持續時間內，任
何時候買都難賺！

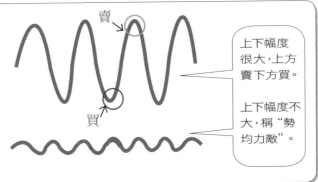

盤整趨勢

上漲下跌，
從整體來
看持平

賣

買

上下幅度
很大，上方
賣下方買。

上下幅度不
大，稱"勢
均力敵"。

第三節 ··············

勢均力敵後量增價揚，漲！

從交易量和股價變化可以看出走勢轉換！股價趨勢的轉換有很多種判別方式，初學者先記住以下四種股價和交易量的模型，對於掌握趨勢就能有個概略的認識。

一段勢均力敵後，價量齊揚，漲！

第一種模型是一段時間勢均力敵後，交易量迅速增加且股價大漲，後市有漲的機會。

股價變動小、交易量少，市場清淡的態勢讓大家都以為這檔股票已經爹不疼娘不愛了，這種情況就是所謂的「勢均力敵」但情況持續一段時間後，股價與成交量突然跳躍式增多，表示「想買這個股票」的人很多。

這種股價圖意味著基本面——

「公司度過了業績惡化期」

「某種利多因素，使得業績成長，獲利能見度加高。」

「公司開發了殺手級的商機或搶了大公司的訂單。」……

如果認同上述觀點的人占多數，想買的人就會增多，未來將有一段不小的漲勢。以右圖的台塑為例，95年10月底台塑所布局的電子材料廠效益發酵，旗下兩家DRAM廠南科與華亞科和生產PCB的南亞電路版總獲利超過130億，股價因此形成新局面。

又如右下圖茂矽，之前因結束代銷DRAM致使業績下滑股價低靡，但受到轉投資公司茂德與南茂第三季大賺而價量齊揚，引發另一波漲趨勢。

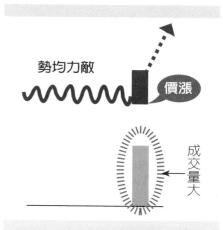

勢均力敵　價漲　成交量大

交易量和股價模型1——範例

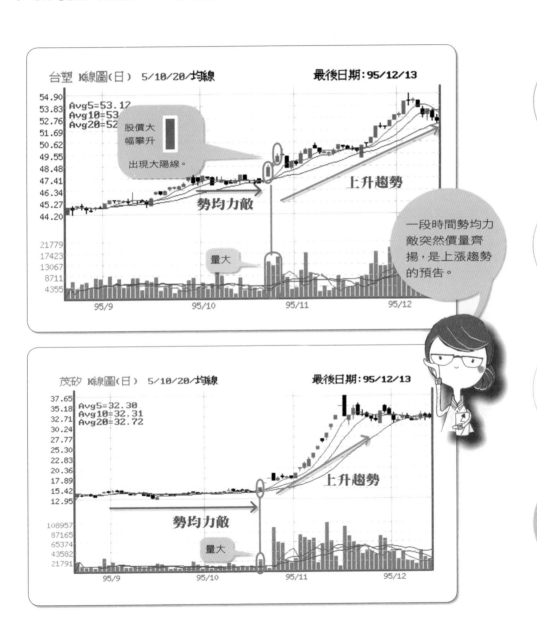

第四節

買氣的最高潮後，跌！

原 本上漲的趨勢，股價突然大大的上漲，並且伴隨大交易量，接著這種情況之後，股價有可能進入下跌的趨勢。這是第二種模型。

上漲能量用盡後，跌！

「很多人大量購買股票，因而發揮上漲能量的高潮。」這個狀態如果出現在勢均力敵之後就是前一節的第一種模型。但是，「交易量迅速增加，股價大漲」，若是接續在持續上漲之後出現，反而是買氣的頂點！預告即將下跌。

為什麼呢？

首先，持續看好上漲的投資人仍然處於想買股票的狀態。

而未持有股票只採觀望的人其心理狀態是「我說這股票會漲，真的就在漲！該快進場了！再慢就不知要漲到什麼地步，買了吧！」當這類「要早點買」的搶進心理達到了頂峰，就形成購買的最高峰。也就是未購買股票的投資人們在最後一口氣購買的狀態。由股價圖來看出現暴量又急拉價格的情形。但過了這波熱潮，上漲能量釋放得差不多，投資人開始出現「太貴了吧！」、「還是先獲利了結再說！」這樣的心態，因此，價能潮高點後股價容易下跌。

不過，在購買量能潮後，如果基本面持續有好題材，股價可能會再次產生上漲能量。

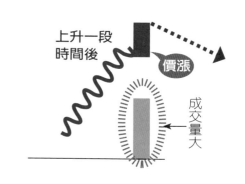

上升一段時間後　價漲　成交量大

交易量和股價模型2——範例

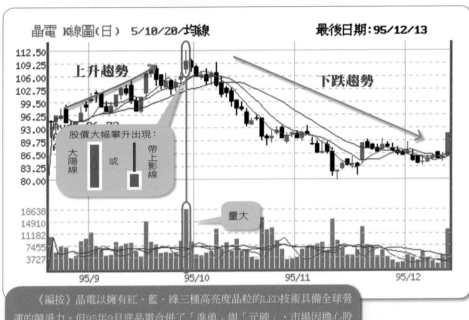

晶電 K線圖（日） 5/10/20/均線　　最後日期：95/12/13

上升趨勢

下跌趨勢

股價大幅攀升出現：

大陽線　或　帶上影線

量大

112.50
109.25
106.00
102.75
99.50
96.25
93.00
89.75
86.50
83.25
80.00

18638
14910
11182
7455
3727

95/9　　95/10　　95/11　　95/12

《編按》晶電以擁有紅、藍、綠三種高亮度晶粒的LED技術具備全球營運的競爭力。但95年9月底晶電合併了「進勇」與「元砷」，市場因擔心股本擴大後獲利不一定提高的疑慮，股價也從上漲的最高潮開始往下走。

Column

上漲能量

「想買這個股票」的投資者願望強烈的程度和投入的資金量。

「無論價格多高都想買」的投資者越多，上漲能量越大。

第五節

上升趨勢中量暴增、價暴跌，跌！

模型1和模型2，介紹了「交易量增加，股價上漲」。本節將為讀者介紹「交易量暴增，股價暴跌」的模型。

上升後量增價跌，下跌趨勢！

「交易量增加，股價下跌」指股票在上漲一段期間後瘋狂賣出導致股價暴跌。這種情形很有可能是股價已到達最高價，下降能量產生。

下跌能量，指的是「想賣股票」的人很多。這這種「下降能量」從何而來呢？

股價一直在漲，認為該賣出股票換現金落袋為安的人增多。而這種獲利了結一旦行情啟動，股價就開始下跌，其他持有股票者也思索著「股票這麼貴，要賣給誰呢？」於是也著急「要快點賣出去」。

下跌能量累積到一個程度就產生了暴跌行情。而且成交量放大。

暴漲再暴跌的模型

模型2和3都是股價上漲達到了頂點的訊號，那麼如果模型2和3同時出現，就是強勁的頂點模型。也就是「暴漲後暴跌」。

換言之，「上升能量殆盡，下降能量產生」。

上影線較長的K線，顯示出「暴漲後暴跌」的動向達到頂點。範例友通在95年10月底的行情就出現「暴漲後暴跌」的情況。從K線圖來看，上影線很長，之後股價也跌得厲害。

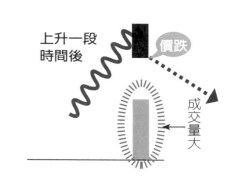

交易量和股價模型3——範例

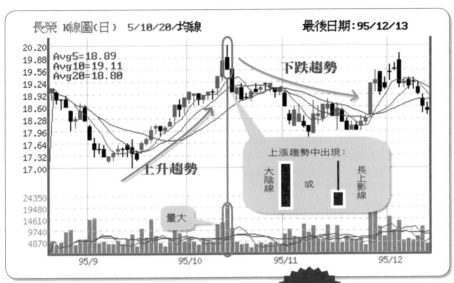

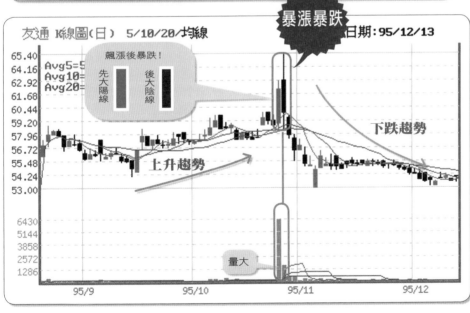

第六節 ………… 股價與交易量模型 ④

售出最高潮後，漲！

第四種是介紹持續下跌後的模型。如果交易量迅速增加，股價下跌，之後股價可能回升。

下跌能量殆盡，漲！

長跌一段時間後，還未賣出股票的投資人擔心已到達極點，最後絕望的想「已經沒用了！」而一起將股票賣出。這種狀態是「售出最高潮」，也就是信心不足者已將股票賣出，所以下降能量殆盡。之後股價將回升，如右上圖光寶日線圖。

極負面消息，狂賣後續跌

售出最高潮後必然上漲嗎？

未必！如果消息太糟了，叫人還是無法放心，還是續跌。

右下圖的華通股價在盤跌一段時間後出現股價帶量重挫之後仍未止跌。95年6月華通因為出現獲利不佳不配發股利的消息，市場上雖然早有預感，但投資人對財報公布的結果還是有點意外，於是股價繼續下跌。

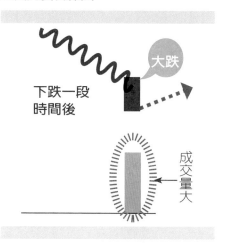

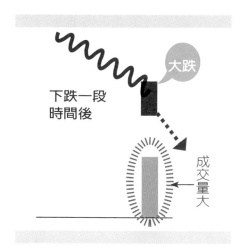

交易量和股價模型4——範例

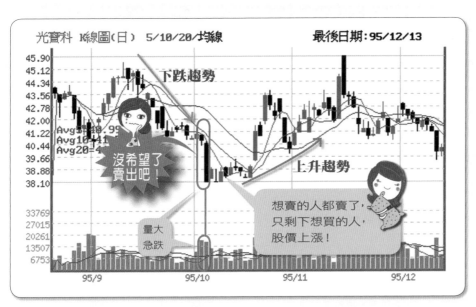

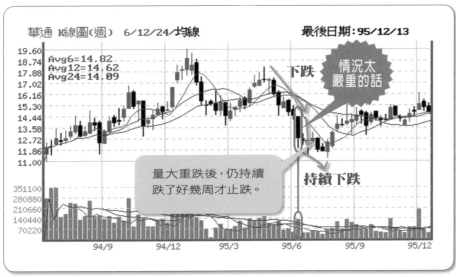

第七節

勢均力敵後突然上漲，好買點

利用股價圖看進場買股的好時機，初入門者先學會以下三種模型。

突破整理型態的好買點

前幾節提及購買股票的好時間是「突然上漲」「突然下跌」兩點。

脫離勢均力敵而上漲的現象叫「突然上漲」。前文所說的勢均力敵一段時間突然帶量上漲，買」。

這裏需要記住的是，「勢均力敵」指股價上上下下浮動但總體持平的情況，比方說股價一直在12～13元之間來來回回。除此之外，還包括股價在一定的區間內波動且變動幅度逐漸變小。

股價變動逐漸縮小的勢均力敵模型也就是常聽到的「整理」。

這種股價漸漸縮小的整理最常見的有三角整理及楔形整理（詳見本系列「短期交易」一書。）

右下圖的精技原本股價上下的幅度很大，慢慢上下震盪幅度愈來愈小，這是標準的三角整理型態。三角整理包括上升三角形與等腰三角形（如下）。這種在一定範圍內整理的情況跟「勢均力敵」意思相同。

這是等腰三角形，跟上升三角形、下降三角形都一樣是整理型態。

變動幅度漸漸變窄穿透壓力線。

這種購買時機很容易辨別，股價超出往常的價位，量又比過去大，是進場買股票的指標之一。

購買時機模型 1 —— 突破勢均力敵

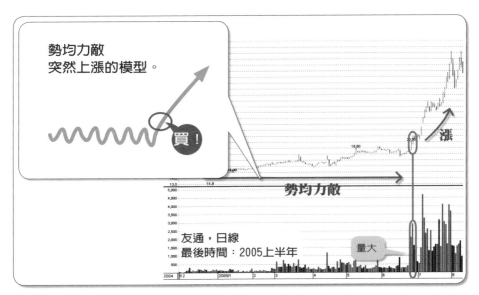

勢均力敵
突然上漲的模型。

買！

勢均力敵

友通，日線
最後時間：2005上半年

量大

漲

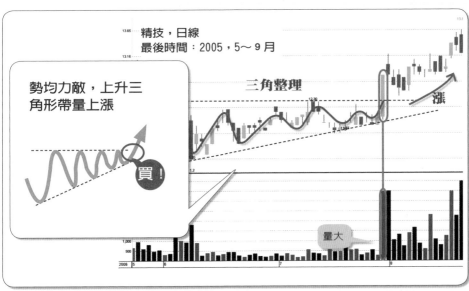

精技，日線
最後時間：2005，5～9月

三角整理

勢均力敵，上升三
角形帶量上漲

買！

漲

量大

第八節

上漲走勢中突然下跌，好買點！

第二個購買時機就是「上漲走勢中突然下跌」。突然下跌，指「短時間下降」。

上漲走勢中突然下跌

上個月這檔股票是600元，這個月跌到只剩500元，投資人很容易因為相對價格變低了，而以為這是「購買機會來了……」。

不！

單由價格來看無法判斷！如果持續下跌走勢，即使股價低廉，也有可能進一步下跌。因此，不能認為「股價便宜是購買時機」。

反之，上漲走勢中的股票，如果投資人認為「這家公司很好，但價格有點貴。下跌後在買吧！」。

當股價真的突然下跌時，購買的人也會多，股價就有機會上漲。

趨勢像彈簧，總會回到原點

股價的運動趨勢可以以彈簧為比喻，處於上漲走勢指有上漲能量，股價突然下跌後，還是有力量反彈回來；如果趨勢是向下的，即使暫時上漲，還是會跌回到原有的走勢。

右圖是國內的導架線供應商順德工業95年下半年的日K線圖。從基本面看順德的營業毛利、市場佔有率等等頻傳捷報，外加國際銅價衝上歷史高檔使得順德業績也能屢創新高，在業績順利擴大的背景下股價也強力上漲。

不過，即使是強力上漲的趨勢，也有回跌調整的時候，但因為上漲趨勢強，股價一下跌不久後又能繼續創新高，這就是本文所講的「突然下跌」。

從右圖中可以看出，尋找上漲走勢中的個股，在突然下跌點購買是非常有效的戰略。

購買時機模型2——突然下跌

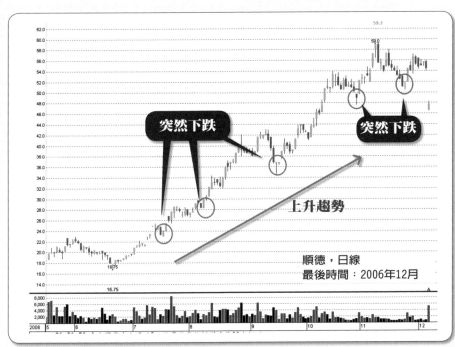

突然下跌

突然下跌

上升趨勢

順德，日線
最後時間：2006年12月

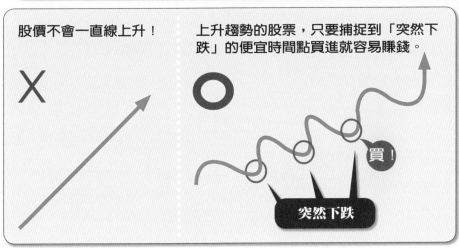

股價不會一直線上升！

上升趨勢的股票，只要捕捉到「突然下跌」的便宜時間點買進就容易賺錢。

X

O

買！

突然下跌

第九節 ·············· 購買好時機模型 ③

上漲趨勢中跌到接近均線，好買點！

移動平均線，是一段時間內股價平均化後描繪各點所畫出的輔助線。例如5日移動平均線，是包括當天在內過去5日內收盤價的平均值各點連成的線段。

均線的支撐作用與壓力作用

移動平均線描繪時間段內的平均價格，一般使用2-3條不同時間的移動平均線作為參考。時間越短，顯示的走勢也短，時間越長，顯示的走勢越長。

右圖是台積電2006年2月到12月的日k線圖。粗略的說，近十個月股價歷經了：上漲走勢-下跌走勢-上漲走勢的變化情況。

圖中除了一根一根K線棒外，還多畫出了5日移動平均線和10日移動平均線。當股價處於上漲走勢時k線緣著均線上攀升，股價突然下跌一碰到均線就像有什麼無形的支撐一樣，隨

即反彈。下跌的情況則相反，股價在均線以下走，偶而價格上升碰到均線就像有什麼無形的壓力又將股價壓回去。

再從趨勢轉換的情況看，當短天期的均線（本例是5日均線）從上穿透中天期的均線（本例是10日均線）走穩之後趨勢就從下跌變為上漲；反過來如果短天期的均線向下穿透中天期的均線，就是下跌趨勢的開始。

上漲轉換的首次下跌，好買點

股價由下跌轉換趨勢進入上漲不久，這個階段上漲能量還很大，也就是股價大幅上漲的餘地很大。如果能掌握到這種股價突然下跌的點，意味著這可能是股價很便宜的時候，是好買點。

右圖中的A點與B點，是上漲能量還在持續，但價格卻突然下跌，也就是股價相對便宜的好買點。

購買時機模型3——股價跌近移動平均線

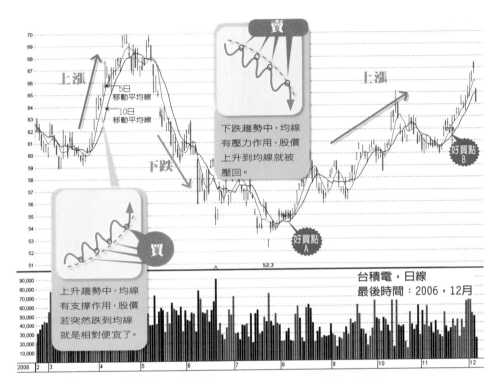

台積電，日線
最後時間：2006，12月

Column

移動平均線的優點

　股價上上下下容易使投資人不知不覺的追高殺低，將過去的價格平均後再以線圖表現出來，不但有利於投資人冷靜判斷也容易從此看出趨勢。而且，移動平均線可以因需求改變日期，是很實用的技術線圖。

通過移動平均線瞭解走勢

移動平均線是連接一定時間段內平均股價的曲線，所以畫出來的曲線較股價變動平滑。同時，移動平均線還顯示股價的走勢（方向性）。上漲走勢中，短天期移動平均線、長天期移動平均線同時上升。下跌走勢中，兩條線同時下落。在走勢轉換時，會出現短期線和長期線的交叉現象。短期線由下往上交叉在長期線上面稱「黃金交叉」，相反叫「死亡交叉」。

上漲走勢中的股票，可以移動平均線作為下跌底限。當股價突然下跌到均線時，就是相對低點，也是進場時機，這是購買股票基本的參考方法。但平均線的設定可是是3天、5天、20天、200天……不等，到底要採用那條線為基準呢？

該採用幾日均線為標準？

右上圖是台積電的日K線圖，所設定的輔助線分別是20與60日移動平均線，95年9月以後股價是上漲趨勢且沿著20日均線出現一跌近就反彈的規律變化，但同屬上漲趨勢在95年4、5月份股價就離20日均線很遠。因此，投資人要配合自己的年度操作策略與根據不同的股性選擇適合天期的移動平均線觀察股價。（參考本系列「短期交易」一書）

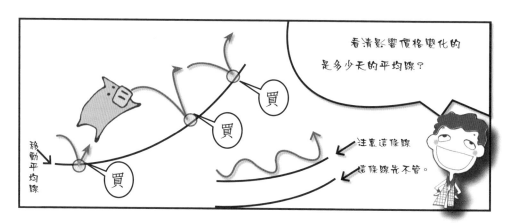

購買時機模型3——移動平均線

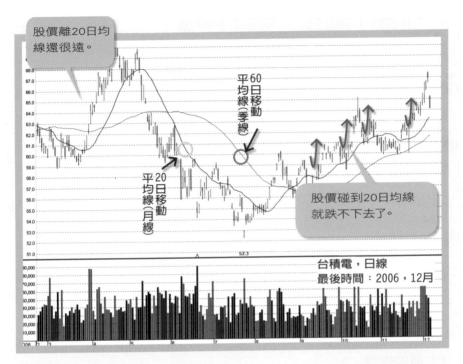

股價離20日均線還很遠。

60日移動平均線(季線)

20日移動平均線(月線)

股價碰到20日均線就跌不下去了。

台積電,日線
最後時間:2006,12月

▼台積電日K線圖,移動平均線有3、5、10、20、60、120、240等日。

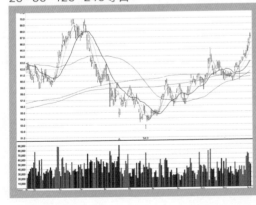

配合自己的操作策略,從多條移動平均線中選擇參考線!

第十節 …………… 投資成功要訣 ①

注意「假象」和「崩潰」

不管採用何種方法分析股價都要注意「假像」和「崩潰」。

隨時把「策略」放在心上

投資股票是「有方法」的，不管從基本面還是技術面股票投資都不是賭博，也就是說它不能單憑運氣，但是基本面與技術面的獲利模型也只是「從經驗來看可能性較高」，並不是「100％都這樣」。

股價上漲的假象

比如，買賣雙方勢均力敵持平一段時間後突然交易量迅速增加、股價上漲，由股價圖判斷應該是「上漲走勢開始」。

可是，沒多久股價卻暴跌！

為什麼？

有可能上漲的判斷是錯誤的。

這種現象稱我們就姑且稱之為「假象」好了(雖然「市場永遠是對的」投資人只能順應市場趨勢，但為了分辨起見，就把這種意外稱為「假象」。)「假象」的產生原因可能是整體趨勢來看股價具備了上漲的背景，但以個別企業而言，卻並沒出現「業績好」「價格低」的情況，或者股價已經大幅上漲至高價的情況尤其容易出現「假象」。

走勢會崩潰

又如果股價沿著移動平均線順利上漲，平均線也並沒有向下彎的趨勢，但是股價卻突然暴跌且大幅低於移動平均線的情況，這可能不是「暫時下跌」而是上漲走勢的崩潰，對於這種現象投資人要慎重對待。最好是賣掉持有的股票，或者減少股票數目和金額。

由股價圖尋找走勢、模型、轉捩點很重要。但發現「假象」、「崩潰」等不尋常的徵兆後，應馬上處理。

股價圖中也有假象，並留心崩潰！

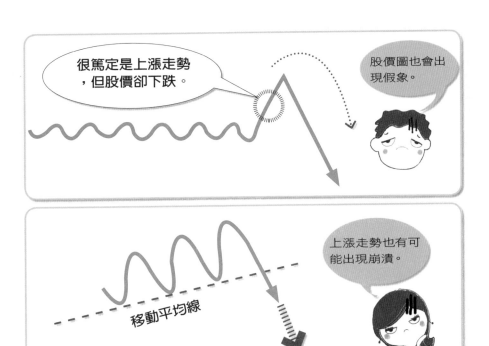

很篤定是上漲走勢，但股價卻下跌。

股價圖也會出現假象。

上漲走勢也有可能出現崩潰。

移動平均線

Column

適度停損以獲利

投資失利的原因中有一個共通的東西：就是滿手的「縮水股票」。

「縮水股票」是指保留下跌的股票。

人的心理很難說服自己賣出曾經上漲過的股票，總心想「說不定還會再漲，真可惜」的感覺。

如果無法執行停損，只能任憑反復下跌不能挽回損失，縮水，最後所有的資產全都縮水無法動彈。

投資成功的人，一定是那種即使買錯股票也會做正確處理的人，換一種心情挑戰下一個股票。這種態度，即使失敗了損失也不會太大，通常可以讓錢復活。請牢記「如果不行，就乾脆保本，不讓股票縮水」。

113

第十一節

事先抓住變化

觀察股價變動時，會出現以下的疑問——

「公司業績差，股價卻上漲！」
「公司業績很好，股價卻下跌！」

不景氣，股價卻上漲的現象，被投資人稱為「不景氣的高價股」。相反，公司業績好，股價卻下跌的現象也時有發生。

股價，早業績反應6個月

理論上股價應該跟隨業績——效益好的公司股價上漲，不景氣的公司股價下跌。為什麼會出現「不景氣高價股」「效益好卻下跌」呢？

那是因為股價提早反應業績的原因。例如，投資人發覺「這個公司的新產品銷售額有強大的增長勢頭。業績可能會大幅變化」，於是馬上買進股票。相反的，發覺「這個公司的業績雖說成長了，但產品銷量看起來並不怎麼樣」，於是開始賣掉股票。

有經驗的投資家都是從「變化的徵兆」就進場布局的，其行動總在市場之前行動。較早抓到資訊的人會先開始行動，所以有可能公司業績的變化不明顯，但是股價卻在變動。

由過去的經驗大盤指數，一般比實際業績的變化平均早半年。

想要預知股價只有問股價！

懂得技術分析的行家可以從現在股價圖上的變化預測股票的將來。而目光敏銳，消息靈通的產業界人士其進出動向也可以由股價來反映。

因此，不景氣，股價卻開始上漲，效益好，股價卻開始下跌。是因為目光敏銳的投資者們早就發覺了「變化的徵兆」，開始行動了。查看股價變化，事先抓住個別企業和整個市場的走勢變化很有用。

股價比實際企業業績早一步反應

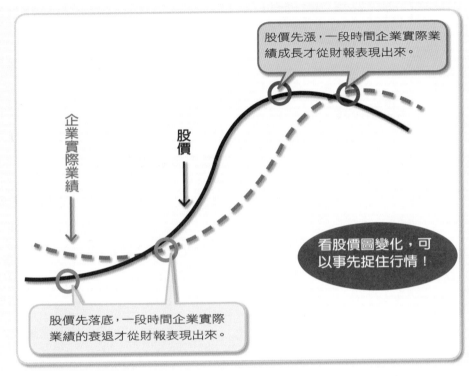

股價先漲，一段時間企業實際業績成長才從財報表現出來。

企業實際業績

股價

看股價圖變化，可以事先捉住行情！

股價先落底，一段時間企業實際業績的衰退才從財報表現出來。

新投資常識篇

獲利祕笈篇

投資戰略篇

股價圖模型篇

Column

大盤指數

最常被市場討論的「加權股價指數」也就是俗稱的「大盤」。這個指數代表國內股市(集中交易市場)的整體表現，如果大盤上揚，表示由大型股帶動上漲，反之，若是下跌，意味著大多數的股票是下跌的或是大型權值股表現不佳。

第十二節 ·············· 投資成功要訣 ③

不要捲入泡沫！

沒有股票投資經驗的人也應該聽過「泡沫經濟」這個詞吧！這個詞最早源自於日本。

20世紀80年代後期，日經指數瘋狂飆升。不動產、高爾夫會員權、繪畫、物價都飆升。股價本益比達到了50倍！(2006年，業績較好的日本企業本益比只有18倍。)由此可以想像當時日本股票是處在多麼不合理的昂貴。(本益比相關資訊請參閱本系列「本益比」一書。)

高本益比高風險

為什麼股價會如此的浮誇呢？那個時候不只是日本，包括歐美、以及國內對新經濟——網路時代的崛起都有過度樂觀的期待。整個社會充斥著「買股票就會賺」的錯覺，尤其是網路相關企業更因為投資資金蜂擁而至本益比更飆到上百倍之譜。

嚴重脫離了實績的泡沫市場最終破裂了。接著的是恐慌的拋售，在那段時間對市場過度樂觀的投資人不少都損失慘重。

從眾是失敗的捷徑

股票跟其他行業不一樣，很多時候「不要太認真」反而好一點。如果整天耗在股市的資訊中無法從濃重的市場氛圍中抽離出來，往往會被市場帶著走而無法獨立判斷。就好像網路經濟當熱時，有人會花錢去投資100年之後才會回本的企業(本益比100)還大呼超值！

泡沫中，很多人被短時間能夠簡單使錢增值的現象迷惑，「別人都在賺錢，我不能無動於衷」顯得非常焦急。任何時候，一定要從業績與本益比冷靜分析股價是否合理。雖然要從股價圖中掌握進出時機，但唯有抓住了投資的本質，才不會捲入泡沫中。

合理評估市場，勿從眾

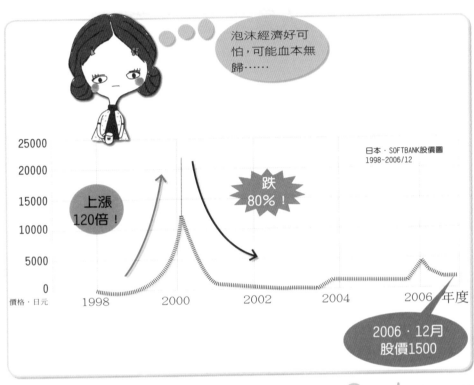

泡沫經濟好可怕，可能血本無歸……

25000
20000
15000
10000
5000
0
價格‧日元

上漲120倍！

跌80％！

日本‧SOFTBANK股價圖
1998~2006/12

1998　　　2000　　　2002　　　2004　　　2006　年度

2006‧12月
股價1500

新投資常識篇

獲利祕笈篇

投資戰略篇

股價圖模型篇

Column

本益比

　　將「每股股價」除以「每股盈餘」所得的值就是「本益比」。一般認為，本益比愈低，股價愈便宜也愈值得投資。

117

第十三節 ……………… 投資成功要訣 ④

正因為沒有人氣，才有機會！

對 長期投資者而言，選擇股票
的基本原則是——

受歡迎的股票價格變化快，受關
注少的股票價格變化慢。

選擇股票的膽與識

能在投資人還沒有看上該檔股票
之前就先介入，是長期投資者厲害的
選股功力。

因此，要訓練自己有能力在股價
還沒有上漲之前辨識出「這是好股
票」。因為等到所有投資人都注意到
這是好股票，股價已經很高了。

具體來說，有人氣的股票，最具
有代表性的特色就是股本大的公司，
另外，新興市場的股票因為具有熱門
話題成交量大、炒作氣氛濃，也是人
氣股票。

這類的人氣股票受關注的程度很
高，尤其是分析師們最常愛訪問這類
公司的負責人，並且從各種角度對該

產業的動向與企業的未來做深入的報
導，所以，就資訊上人氣公司也是相關
資訊豐富的公司。

從透明度來看，人氣公司資訊豐
富題材豐富，投資人可以利用這些資
訊深入研究，預先抓住公司的變化再
行動，常常也能捕捉到上漲行情。

不過，更值得長期投資人注意的
並不屬於上述的話題公司，而是非人
氣公司。

尋找專家投資者不關注的股票

非人氣的公司，指投資人們的關
注度很少，交易量也低，股價變化長
時間停滯的股票。

也就是說，它們是被投資者忽視
的股票。

這些非人氣股票中，有很多是
「穩定盈利或具有資產，股價又便
宜」的股票。

若能尋找到這種目前沒人氣的

尋找沒人氣的好股票是賺大錢的金雞母

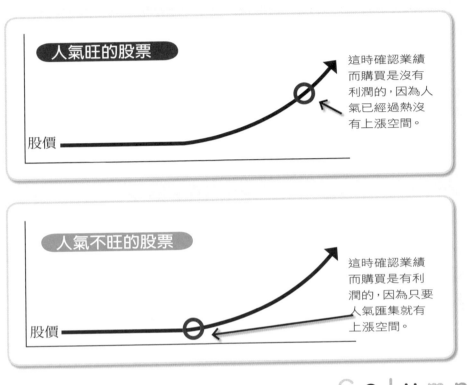

人氣旺的股票

股價

這時確認業績而購買是沒有利潤的，因為人氣已經過熱沒有上漲空間。

人氣不旺的股票

股價

這時確認業績而購買是有利潤的，因為只要人氣匯集就有上漲空間。

Column

潛力股，也可以納入年度投資計畫中的「便宜股」。

上櫃和興櫃股票中有一些股本小非熱門的股票，分析師和法人投資者關注很少，有時就被當作非人氣股票放置在那裏。

要投資這類股票等著將來人氣匯集大賺一筆的，就要在基本面多下功夫。產業能見度高，業績有發展潛力，價格又便宜，但因為一時人氣不旺，股價上漲速度十分緩慢，這種股就是好的投資標的。只是因為人氣低，注意到這種股票好的人只增加了一點，所以尚無法帶動股價而已。

非人氣股才能賺大錢

人氣股票和非人氣股票相比，對悠閒的投資者來說，非人氣股票才能賺錢。

雖然人氣股票很吸引人，但是，如果只是從媒體上得知「因為業績很好而買下它」，很有可能當你買下後，股價就嘩啦嘩啦的往下跌了。

相信很多有經驗的投資者都有類似的經驗，「好像股價專門跟我做對一樣！」其實，這就是買人氣股的特色——當人氣匯聚之後股價上漲，大家都滿懷希望，於是股價也就愈漲愈高，不多久價格就脫離現實太遠了！！當企業業績高峰到達之前，股價已經從高峰跌下來了。

因此最初沒人氣的股票上漲後將成為人氣股票，此時反而要注意股價是否超出實績。

確認業績

右頁是台達電近兩年的股價日K線圖，之前台達電股價在50元上下徘徊，成交量少有超過1萬張，通常連5千張都不到，但就獲利能力而言，股價上升之前跟股價上升之後並沒有極大的差別。最大的差別就在於「人氣」（成交量）。

會賺錢公司等到人氣匯集反而難賺大差價

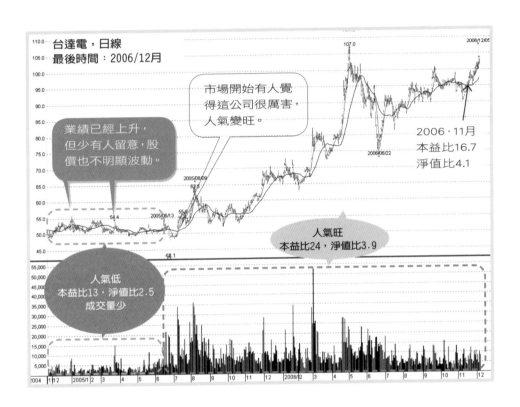

台達電，日線
最後時間：2006/12月

市場開始有人覺得這公司很厲害，人氣變旺。

業績已經上升，但少有人留意，股價也不明顯波動。

2006・11月
本益比16.7
淨值比4.1

人氣旺
本益比24，淨值比3.9

人氣低
本益比13，淨值比2.5
成交量少

台達電獲利

年度	EPS
91	3.08
92	3.52
93	4.20
94	4.26

《編按》
　　跳開PC殺價紅海，台達電進入太陽能電池等新領域，讓94、95年台達電成為投資市場的新焦點。從本例中可以看出，認真確認業績是有機會可以用低價買到當時非人氣但將來有潛力的股票。

第十四節

「題材」是股價上漲、下跌的導火線!

影響股價變化的消息稱為「題材」,例如,發行銷售新產品告捷而使得原本預期的業績預測向上修正、權威分析機構提高個股投資評等…都是股價題材。

能讓股價上漲的叫好題材,讓股價下跌的叫壞題材。好題材當然會讓股價上揚,但什麼時候上揚?又股價高與股價低的公司對題材的反應也有很大的不同。投資人若從媒體上看到好題材就不由分說的搶進的話,常會因此而被套在最高點!

改變對公司看法的好消息

新聞中尤其受關注的是業績預測的大幅度修正。

請看右上圖國內封裝廠某甲公司的例子。

在A點的地方,甲公司原本自己預估第三季會比第二季增加2%～3%,但實際上業績卻比預期中高出許多,

成長率有7%以上。而且,1到9月份的營收也較去年成長46%,股價就翻紅回應;在B點的地方,由於甲公司的法說會公布1～3季每股盈餘3.51元,出乎過去外資預期,因此外資的研究報告也將其評等由原本的「中立」轉為「買進」,目標價從原本的37元調整到47元,之後股價就一路上漲。

改變對公司看法的壞消息

另外一個例子是壞材題影響股價,如右下圖的乙公司。

95年6月,乙公司因為新產品(TFT模組)推出的時間延長,且部份手機款式銷售不如預期,加上整體第二季銷售業績不佳,又碰到市場出現實力相當的勁敵,研究機構認為,乙公司可能為了維持市佔率獲利受壓縮,於是目標價由原先的52元向下修正到44.5元。

利空消息出爐股價猛跌。

業績題材影響股價範例 1

新投資常識篇

獲利祕笈篇

投資戰略篇

股價圖模型篇

▼甲公司營收資料

2006	月營收(億)	去年同期成長率
1月	46	62%
2月	42	88%
3月	45	58%
4月	47	64%
5月	46	53%
6月	42	35%
7月	44	28%
8月	50 ✱	29%
9月	51 ✱	22%
10月	51	9%
11月	48	0.32%

成績單一直有成長

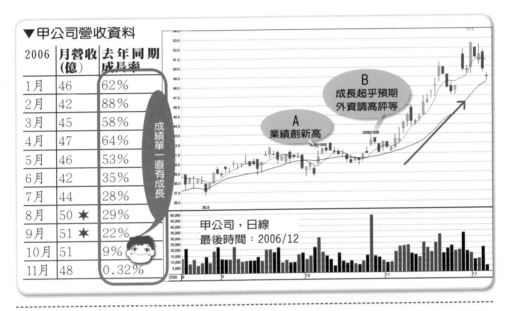

A
業績創新高

B
成長超乎預期
外資調高評等

甲公司，日線
最後時間：2006/12

▼乙公司營收資料

2006	月營收(億)	去年同期成長率
1月	25	−37%
2月	27	−22%
3月	27	−30%
4月	28	−22%
5月	21	−44%
6月	21	−48%
7月	22	−51%
8月	25	−47%
9月	29	−45%
10月	32	−37%
11月	33	−26%

成績單一直沒有成長

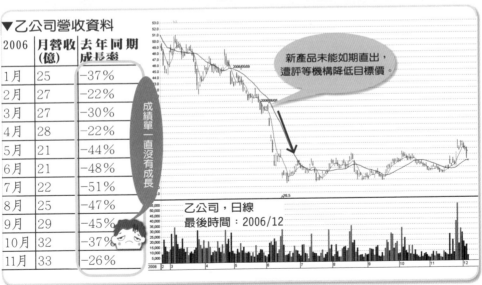

新產品未能如期直出，
遭評等機構降低目標價。

乙公司，日線
最後時間：2006/12

注意「題材已經反應過了」！

好題材就一定使得股價上漲？壞題材就一定使股價下跌嗎？

不一定！

右圖是光學元件廠大立光的股價圖，大立光是手機相機鏡頭「零和遊戲」中勝出的供應商，股價2005年大漲了4倍以上，2006年雖然持續高成長率，但股價不但沒上漲反而下跌。

為什麼？

高本益比對題材敏感度高

因為人們不再有對這新聞吃驚！

市場對成長率的期待使得股價上漲，況且即使有什麼大好消息出現，大立光的股價當時已經高達6、700元了，本益比已經高達70幾倍。相較於其他同類型公司的本益比只有12倍，顯然投資人對它的期待已經反應過了。

也就是投資人對業績好、價格低、值得買進的反應已經被實現，即使出現好的題材股價也不易有反應。

相反的，這種股價衝得很高很快的公司，只要稍微出現一些壞題材就很容易下跌。

例如，2005年第四季，市場預估大立光毛利應該到達60％水準，但季報出爐毛利只有59.88％，當天股價卻直攢到跌停價。總之，本益本相對高的個股投資人期待越大，投資人就愈無法忍受壞消息。相反的，如果對某公司早有「業績惡化」的擔心且已經反映在股價上了，真正不好的題材出現，股價也會沒有反應。

意料內的題材，不管好壞都沒用

因此，請記住震驚新聞有時也無法改變股價。尤其是屬於人氣股票的高本益比公司，即使出現好題材，也不會令股價有大波動。

所以題材是否重要，是否是震驚新聞、投資者是否都吃驚、是否讓人感到意外都是關鍵！

所以，再好的題材，只要在「預料的範圍內」，就沒什麼用。

業績題材影響股價範例2

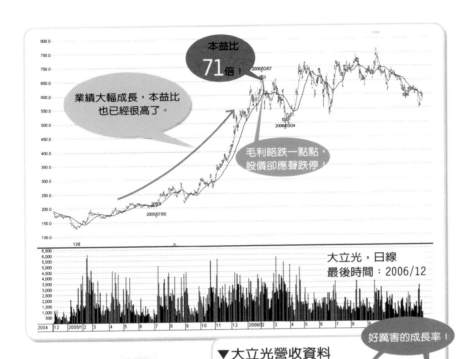

本益比
71倍！

業績大幅成長，本益比也已經很高了。

毛利略跌一點點，股價卻應聲跌停！

2006/02/07

500？
2006/03/24

2005/07/05

大立光，日線
最後時間：2006/12

好厲害的成長率！

題材要視投資人是否在預期之外。如果投資人預期可拿99分的公司，但分數公布後卻只考98分（雖然同時間可能很多公司不及格）但這也可能會是很嚴重的利空消息！

▼大立光營收資料

2006	月營收（億）	去年同期成長率	2005	月營收（億）
1月	5.2	170%	1月	1.9
2月	4.1	154%	2月	1.6
3月	3.4	123%	3月	2.1
4月	5.7	169%	4月	2.1
5月	5.5	145%	5月	2.2
6月	2.5	56%	6月	2.5
7月	5.0	80%	7月	2.7
8月	5.2	55%	8月	3.3
9月	3.1	22%	9月	3.6
10月	4.7	7%	10月	4.3
11月	4.0	−13%	11月	5.3
			12月	5.2

• 國家圖書館出版品預行編目資料

股票初見面：長期投資個人投資家 /新米太郎 著

初版． ——臺北市：恆兆文化，2007「民96」

128面： 公分

ISBN 978-986-82173-5-5(平裝)

1.證券 2.投資

563.53   95024651

股票初見面

長期投資 個人投資家

出版所	恆兆文化有限公司 Heng Zhao Culture Co.LTD www.book2000.com.tw
作　　者	新米太郎
美術編輯	張讚美
責任編輯	文喜
插　　畫	韋懿容
電　　話	+886.2.27369882
傳　　眞	+886.2.27338407
地　　址	台北市吳興街118巷25弄2號2樓 110,2F,NO.2,ALLEY.25,LANE.118,WuXing St., XinYi District,Taipei,R.O.China
出版日期	2007年02月初版　2007年8月初版三刷
ＩＳＢＮ	978-986-82173-5-5　(平裝)
劃撥帳號	19329140　戶名　恆兆文化有限公司
定　　價	220元
總經銷	農學社股份有限公司　電話　02.29178022

家計簿

大開本居家手寫帳

+365日記式

+信用卡式

+貼貼貼式

+分項式

199元/本

家計簿

小開本行動夢想家 (半年計)

+信用卡理財版

+365日記版

+分項記錄版

150元/本

訂購專線：02.27369882

資產財富知識書

新米家計概念書

+我的現金流

+我的財務報表

220元/本

投資致富叢書

新米家計概念書

+股票初見面--本益比

+股票初見面--短期交易

+股票初見面--長期投資

220元/本